All Voices from the Island

島嶼湧現的聲音

臺灣族群史解謎

解謎

揭開平埔、外省、客家、福佬的歷史謎團

葉高華——著

春山之聲　O59

臺灣族群史解謎：
揭開平埔、外省、客家、福佬的歷史謎團

作　　者　葉高華
總 編 輯　莊瑞琳
責任編輯　吳崢鴻
行銷企畫　甘彩蓉
業　　務　尹子麟
封面設計　查理陳
內文排版　藍天圖物宣字社
出　　版　春山出版有限公司
　　　　　地址：11670 台北市文山區羅斯福路六段297號10樓
　　　　　電話：02-29318171　傳真：02-86638233
法律顧問　鵬耀法律事務所戴智權律師
總 經 銷　時報文化出版企業股份有限公司
　　　　　地址：33343桃園市龜山區萬壽路二段351號　電話：02-23066842
製　　版　瑞豐電腦製版印刷股份有限公司
印　　刷　搖籃本文化事業有限公司
初版一刷　2024年7月
初版二刷　2024年8月
定　　價　新臺幣400元
有著作權　侵害必究（若有缺頁或破損，請寄回更換）
I S B N　978-626-7478-14-1（紙本）
　　　　　978-626-7478-12-7（PDF）
　　　　　978-626-7478-13-4（EPUB）

Email　　　SpringHillPublishing@gmail.com
Facebook　www.facebook.com/springhillpublishing/

填寫本書線上回函

國家圖書館出版品預行編目資料

臺灣族群史解謎：揭開平埔、外省、客家、福佬的歷史謎團／葉高華作. -- 初版. -- 臺北市：
春山出版有限公司, 2024.07
256面；　公分. --（春山之聲；59）
ISBN 978-626-7478-14-1（平裝）

1.CST：族群　2.CST：族群問題　3.CST：臺灣史

546.5933　　　　　　　　　　　　　　　　　　　　　　　　　　　　　113009438

目　次

｜序

　　躲過層層的衛兵監視，好不容易潛入軍方圖書館。昏暗的隱密
空間中，存放著各式機密文件。我不斷翻找，總算發現苦尋十多
年、從未公開的人口普查資料。就在我拿出相機拍照之際，不慎洩
漏了行蹤。衛兵持槍前來追捕，而我為了逃脫，在書架間鑽進鑽
出，直到無路可逃。不得已，只好從窗戶一躍而出，墜入深淵……
然後我就醒了，原來是一場夢呀。

　　我很少把夢境記得這麼清楚，於是將情節寫在臉書上，請朋友
解夢。有人留言：「代表你會得到一份珍稀資料解開一個歷史公
案，只是過程很艱辛。」另一個留言：「你距離某個關鍵突破只剩
一步之遙。」記得那天是二〇一八年八月十三日。兩天後，任職於
國史館的吳俊瑩博士便告知：他從剛解密的行政院檔案中發現
一九五六年國軍戶口普查數據。他說資料要留給懂得用的人，於是

將整卷檔案副本傳給我。我仔細端詳檔案，發現爭吵數十年的外省籍遷臺人數之謎總算有解了。二戰以後究竟有多少外省人湧入臺灣，眾說紛紜，從不到一百萬人到超過二百萬人的說法都有。問題的癥結，在於一九七〇年以前有數十萬外省籍軍人沒有戶籍，成為人口統計的黑數。如今解密檔案現身，終於讓這個黑數曝光。夢裡的預兆果然應驗，我獲得一份軍方保密的資料，解了一個歷史公案（見本書第六章）。雖然過程也如同夢境般遭遇險阻，暫且按下不表。

　　我的研究動機，向來不是拿臺灣的案例來襯托理論的偉大，或者宣稱理論不合身而修正了理論。我的志業是找出我們社會中尚未獲得解答的謎團，想辦法解謎。像外省籍遷臺人數這種沒啥理論貢獻的題目，就很難讓理論引導的套路看得上眼。然而，如果我們連這個數字都說不清楚，對於臺灣社會的認識豈不有所偏差？同樣的，漢人與平埔原住民的通婚有多普遍，也是臺灣社會一大謎團。民間議論紛紛，各種臆測滿天飛，但學界給出的答案竟少之又少。歷史社會學者黃樹仁曾經抱怨：「這般重大社會史議題卻在學界少有討論。」既然如此，我就來解解看吧。

　　我大費周章整理八個平埔村落的戶口檔案，並比較全島層次、村落層次、不同區域、不同族別的差異，以及人口結構、婚姻形式、纏足風氣的影響，還有時代變遷等等，相較於過去文獻一次只談一個平埔村落，可說是前所未有的大格局。我信心滿滿投稿社會學與人口學的期刊，結果連番遭到退稿。退稿理由都是：我沒有從婚姻理論出發、提出研究假設，然後用資料來驗證。而且，我的分

析結果對於婚姻理論沒什麼貢獻。我總算明白，為何「這般重大社會史議題卻在學界少有討論」。這個研究的意義應該是為臺灣社會解惑，而不是拿臺灣的歷史素材來幫西方理論添個案例吧。黃樹仁說得沒錯：「領域分工消磨了臺灣學界的問題意識，使學者們習於畫地自限。導引研究的，常是習慣的學科傳承，而非跨學科的社會現象。」後來我將論文改成歷史學格式，獲得歷史學期刊接受（見本書第四章）。看過此文的歷史學者還說我很擅長運用理論，讓我不禁感到莞爾。

　　這本書集結了我解答各種族群史謎團的相關論文。回顧解謎過程，並非事先列出謎團清單，然後逐一破解。這些謎團的浮現與解題，往往來自偶然的機遇。除了前面提到的夢境，我解開平埔族群為何不具法定原住民身分的謎團，也是誤打誤撞。時光回到二〇〇八年冬天，剛從英國留學歸國的陳俊安兄來臺大找我討論行政區域重劃議題。臺北的冬天陰溼難耐，但我們的討論愈來愈熱烈。很快的，我們的話題超越行政區域的範疇，並在無意間觸及平埔議題。俊安兄說他正在推動西拉雅族正名，希望蒐集更多有利證據。而熟悉人口統計的我提到，一九五六年人口普查有一項「族系未詳」，其實就是平埔族。這個訊息我原本不怎麼在意，但俊安兄如獲至寶，連說這是重大發現，必須好好研究。於是我們約定各自找齊資料，下次見面再討論。

　　不久之後，我到臺南找俊安兄。此時他已找到許多政府公報資料，發現一九五六年的「平地山胞認定標準」沒有發文給臺南縣政府。而且，一九五七年臺灣省政府曾解釋「熟」（平埔族）可登記

為平地山胞，依然沒有發文給臺南縣政府。我找到的資料則顯示，一九五六年時臺南縣還有六千多人表明自己的平埔族身分，但隨後展開的平地山胞身分認定，臺南縣無人登記。於是，我們得到一個結論：臺南縣西拉雅人並非不願意登記為平地山胞，而是政府漏發公文使他們沒有機會登記。經過徹夜未眠的討論之後，我們出席十二月十四日在蕭壠文化園區舉行的「西拉雅平埔熟番原住民正名座談會」。俊安兄在會場上首次公開這個論點，是為「行政疏失說」的濫觴。蘇煥智縣長當場裁示，為了補正行政疏失，臺南縣近日內辦理補登記作業。

我們決定盡快在媒體版面上傳播這個論點，隨後再將詳細的論證投稿到學術期刊。《蘋果日報》採用我們的投書，於二〇〇九年一月六日刊出〈把原住民身分權還給熟男熟女〉一文。同時，俊安兄運用他在臺南縣政府的影響力，積極傳播行政疏失說。五月二日，各地平埔族群社團大串連，集結三千多位族人走上凱達格蘭大道，要求政府還給他們原住民身分。當時，行政疏失說已成為他們的主要論點之一。不過，我們計畫的學術論文沒有下文。因為俊安兄先後忙於選舉以及市政工作，而我則忙著寫博士論文。直到二〇一二年，我重新開始思考這個議題。我將一九四五年以來的政府公報從頭到尾搜索一遍，把所有涉及「山地同胞」的文件通通找出來。從這些史料中，我意識到行政疏失說的證據薄弱，遂改變想法。我將詳細論證寫成〈排除？還是放棄？平埔族與山胞身分認定〉一文，後來在關於平埔原住民身分的法律討論中經常獲得引述（增補後成為本書第五章）。

　　強調這些機遇，並不是要說解謎純碰運氣。若不是對未公開的普查資料抱持懸念，我做得出那種夢境嗎？洪惟仁老師便在我那則解夢文底下留言：「連做夢都沒忘了研究嗎？」另一方面，如果不是早已察覺一九五六年普查暗藏平埔族群訊息，當正名運動話題突然出現在我面前時，我有插嘴的餘地嗎？這些謎題其實早已在我心中播種，因此契機來臨時才會浮現，而且抓得住。就這樣，雖然最初沒有通盤規劃，當我完成《強制移住：臺灣高山原住民的分與離》之際，察覺所謂「四大族群」的歷史謎團已經讓我解過一輪。我還需要一本書，彙整關於平埔、外省、客家、福佬的謎團與解答。

　　本書集結的論文，有六篇曾在學術期刊上刊登，但經過不同程度的改寫（見附錄）。部分原因是當初為了獲得期刊接受，多少還是順從了制式的套路，尤其是文獻回顧、研究假設、研究方法的寫作順序，但那不見得是最順暢的敘事方式。本書不拘泥於那套禮儀，而是以追求敘事順暢為先。另一個原因是，那些論文有部分內容是共通的，尤其是關於戶口制度的說明，不需要一再重複。第三個理由是，論文刊登之後我又找到更多資料，正好透過這次改寫添加上去。我的作品風格特異，既有很像歷史學的制度沿革考證，又有歷史學少見的大量統計分析。數字總是讓人聯想到數學，容易成為票房毒藥。這本書要不要像多數科普書那樣，將數字拔掉呢？為了維持論證的嚴謹與精確，我決定將大部分數字保留下來。我嘗試以淺顯的白話講清楚數字的意義，讓讀者明白這些數字就是偵探故事中的破案關鍵。

　　本書有三個章節運用日治時期戶口調查簿資料庫。多謝陳叔倬博士引薦，讓我得以加入中研院歷史人口研究計畫團隊。過去莊英章教授與潘英海教授為這個計畫蒐集數十個村落的戶口檔案。這些檔案以毛筆字書寫，我們得聘用助理將毛筆字編碼為數字，輸入資料庫；一個村落往往得花兩年。我之所以能夠一口氣分析八個平埔村落，是歷史人口研究計畫累積十餘年的成果。我的助理楊凱喬幫我看了五年毛筆字，這是一項極度考驗細心與耐力的工作。不過在枯燥的工作之餘，她也看盡各種千奇百怪的家庭樣態；真實常常比電視劇還讓人瞠目結舌。戶口調查簿資料庫的結構相當複雜，感謝黃郁麟先生依據我的需求串接資料。另一方面，為了釐清日治時期戶口制度的疑點，李宗信教授親自帶我前往小琉球，調閱一批稀有檔案。

　　吳俊瑩教授擁有高貴品德，不僅大方提供整卷解密檔案給我，當我徵詢將他列名共同作者時，他居然婉拒了。他說他沒有貢獻論文中的論證，算不上作者；提供資料只要出現在謝辭中便可。此外，他還幫我糾正一些引注上的瑕疵。曾令毅博士也熱心提供滇緬邊區游擊隊史料，使我評估外省籍遷臺人數時更為周延。

　　原先我只是個業餘的歷史愛好者。直到我無意間破解一九五六年人口普查的「族系未詳」就是平埔族時，第一次受到歷史學界注意。詹素娟老師不僅寫文章宣揚「族系未詳」訊息的重要價值，還邀請外行的我去中研院臺灣史研究所演講（二〇一一年五月三十一日）。這對我而言是莫大鼓舞，讓我有了將興趣發展成專業的企圖。這場演講之後，我才決心重拾擱置已久的平埔原住民身分議

題。後來詹老師與我閒聊，說十多年前看我的東西，覺得這小子怎麼連那些常識也不懂；如今已成為首屈一指的專家。謝謝，一個人能夠持續進步，這是最好的讚美。

二〇二四年六月二十四日

導言

　　一九八○年代後期，將福佬（閩南）、客家、外省、原住民視為族群的論述逐漸成形，並在下一個十年迅速普及。[1]如今，人們自動將族群概念延伸至更早之前的年代，已習以為常。確實，臺灣社會很早以前就開始區分原住民／漢人、福佬／客家、外省／本省。不過，族群研究專家王甫昌一再強調，當代「四大族群」觀念與過去的人群分類性質不同。首先，過去的人群分類意識相當地方化；當代族群想像則是以全臺灣為範圍，並以臺灣作為社會範圍來衡量政治權力分配是否公平。再者，「四大族群」論述強調多元精神，主張不同族群之間應該維持「差異但平等」的關係。[2]我同意不可隨意將當代族群概念回推至更早的年代，但對於「四大族群」成形之前的人群分類與人群關係，還有許多疑惑。這本書就是為了解答這些疑惑而作。

　　我的第一個疑惑來自福佬／客家這組區分。過去官方分的都是
福建／廣東，從清代科舉名額按閩籍、粵籍分配，[3] 到日治時代戶
口制度區分福建人、廣東人，都是如此。難道歷史悠久的福建／廣
東之分被徹底揚棄，改由福佬／客家之分取而代之？會如此發問，
當然是因為兩種分類並不相同。福建、廣東顧名思義是不同省分，
福佬、客家則源自語言之分。省分與語言群體交叉分布，並不完全
重疊。福建內陸山區的人群講客語；廣東沿海的人群講閩語（圖
I）。

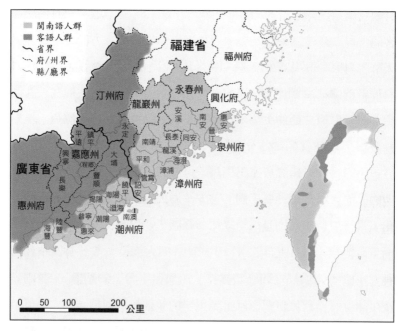

圖I：清代行政區與人群分布

　　具體而言，廣東沿海的潮州話（潮汕話）與閩南的泉州話、漳州話類似，在現代語言分類中都歸為廣義的閩南語；惠州海豐縣、陸豐縣的主流語言又比潮州話更接近漳州話。[4] 廣東客語人群稱呼這些閩語人群「Hoklo」。[5] 歷史上最早出現的書寫是不懷好意的「貉獠」，後來依序雅化為「鶴老」、「學老」、「福老」，最後「佬」取代「老」。無論何種寫法，都是要表記「Hoklo」這個聲音。相關地名在廣東有數十個，在福建則未出現，反映這個稱呼流傳於廣東而非福建。[6]

　　當廣東客語人群移居臺灣而遭遇來自閩南的泉漳話人群時，將其視為廣東閩語人群的同類，也稱呼「Hoklo」。不過，只有接觸過客語人群的泉漳話人群知道他們被這樣稱呼。另一方面，臺灣客語人群的自稱與他稱原先都是「客人」（hak-ngin / kheh-lâng）。

　　然而，日本人的誤解導致福建／廣東與福佬／客人混為一談。一九〇五年，臺灣總督府可能受到英屬馬來聯邦區分種族（race）的啟發，也決定在臺灣區分「種族」。日本統治者延續清代官方區分福建、廣東的傳統，但誤以為福建等於福佬、廣東等於客人，便按照現存特徵（尤其是語言）來加以分辨。於是乎，來自廣東的閩語人群通常被認定為福建人。分類結果寫在家家戶戶的戶口簿冊上，名義上分的是福／廣，實際上固化了福佬／客人之分。至於沒有寫到戶口簿冊上的泉州／漳州分類意識，則逐漸消弭。本書第一章仔細梳理這整套制度的運作情形與後果。

　　就在臺灣接受日本統治的期間，中國也自行發展出「閩南語」、「客家人」等概念。「客家」原本是廣東粵語人群用來稱呼來

自惠州、嘉應州，語言不通的另一群人。後來這些被稱為客家的人也以此自稱，進而將使用相似語言的人群都納入客家概念下。[7] 等到二戰以後，這些概念被引入臺灣，嫁接到臺灣固有的人群分類上。從此，客語人群全面接受「客家」一詞，替代日治時代不太正確的「廣東」標籤。另一方面，使用閩南語的福佬人開始被稱為「閩南人」。不過，「閩南人」通常只在華語情境中使用，在臺語（臺灣閩南語）、客語中都很少這樣說。他們通常自稱「臺灣人」，鄰近客語人群者也會自稱福佬。

　　總而言之，並非官方的福建／廣東之分遭到揚棄，改由福佬／客家之分取而代之。真相是日治時代的戶口制度以福建／廣東的標籤固化了福佬／客家的分類，後來人們撕掉錯誤的標籤。

關於福佬—客家關係的疑惑

　　我的第二個疑惑是：早期福佬、客家之間總是對立嗎？搜索史料中關於福客關係的記載，可見大部分寫的是衝突。不過，好好思考這些史料是在什麼情境下寫出來，不難明白：通常是出事情了才會特地去寫人群分類，然後變成史料。假設一百天當中，九十九天相安無事、一天打起來，通常只有那一天被寫下來。若只透過那一天的史料來重建歷史，很容易以為天天都衝突。邵式柏（John Shepherd）便指出，以往歷史研究太強調福佬人與客家人的衝突，忽略兩群體之間的互相影響。他呼籲，今後族群研究必須重視族群之間的社會互動與文化交流。[8] 我的方法是從那些並非為了分類意

識而寫，卻「無意間」蘊藏人群關係訊息的史料著手。

　　福佬人與客家人除了語言不同，最顯著的差異就是纏足與否了。福佬人傾向纏足、客家人傾向天然足。除此以外，武雅士（Arthur Wolf）認為兩者很難找到什麼深層差異。[9]如果兩群人之間發生交流，那麼鄰近客家人的福佬女性還是傾向纏足嗎？鄰近福佬人的客家女性還是傾向天然足嗎？我發現：鄰近客家地區的福佬女性相較於其他福佬女性，纏足率明顯偏低。何以如此？本書第二章依序測試下列幾種不同解釋。

　　人群衝突說：福佬、客家之間經常發生衝突，因此鄰近客家地區的福佬女性得避免纏足，才能在衝突中逃脫或抵抗。

　　福佬客假說：很多鄰近客家人的福佬人其實是福佬化的客家人（福佬客），但是保有天然足風俗。

　　語群融合說：在鄰接地帶，福佬人與客家人共組家庭的可能性比其他地區高，使較多福佬女性得以擺脫纏足。

　　勞動條件說：客家女性必須從事生產勞動，因而免於纏足。客家地區周邊的經濟條件類似客家地區，使較多福佬女性也投入生產勞動而免於纏足。

　　然而，資料顯示上述說法都無法解釋纏足率在兩群人之間呈現的漸層變化。唯有下列說法，證據非常強烈。

　　社會壓力說：當周邊纏足率愈高時，父母愈有可能讓女兒投入這場「軍備競賽」，以免在婚姻市場中陷入劣勢。反之，若周圍存在大量不追求小腳的人群，競逐小腳的壓力就會大幅減輕。

　　由此可見，福佬人與客家人的風俗互相影響，證據確鑿。那

麼，在鄰接地帶，兩群人通婚的可能性高嗎？兩個群體之間是否容易通婚，是人群關係的重要線索。當人們因為結婚而申報戶口時，無意間為人群關係留下線索。

本書第三章鎖定四個位於福佬、客家邊界的地區，觀察一九〇五至一九四五年間發生福客通婚的機率。結論是：有些地方像傳統敘事強調的那樣，福佬與客家界線分明；有些地方的人們則不太在乎福佬與客家的區別。福客關係因地而異，不可一概而論。這充分呼應王甫昌的主張：在一九八〇年代的族群運動之前，人群分類意識相當地方化，不同地區的差異相當大。

關於平埔原住民的疑惑

近年來，隨著臺灣人認同崛起，許多人希望找到原住民血統，以證明自己是「臺灣特有種」。於是，「多數臺灣人擁有平埔族血統」的說法大行其道。對此，學界簡直置若罔聞，鮮少回應。我的第三個疑惑便來自於此：漢人普遍與平埔原住民通婚嗎？

一九〇五至一九四五年的戶口簿冊記載「種族」訊息，成為臺灣史上唯一能確實統計漢人與平埔原住民之間通婚率的年代，而且空前絕後。本書第四章運用人口動態統計與八個平埔村落的戶口檔案，來解開這道謎題。從全島層次來看，只有極低比率的漢人與平埔原住民通婚：福佬人不到 0.5%、客家人不到 1%。平埔原住民則有三分之一左右與漢人通婚。從村落層次來看，在地方上相對人口規模愈小的群體，無論是漢人還是平埔原住民，通常愈能接受跨族

通婚。換言之，只有那些在平埔村落中成為少數群體的漢人鄰居們較可能與平埔原住民通婚。一旦出了平埔村落，就不是那麼一回事。

相較於許多漢人想要「脫漢入原」，平埔原住民則是被迫「脫原入漢」。毫無疑問，所謂平埔族（包含許多族）是臺灣原住民，但為何他們沒有取得法定原住民身分呢？這是我的第四個疑惑。

正名運動多主張「排除論」：一九五〇年代進行山胞身分認定時，官方不讓他們登記。原住民族委員會則堅守「放棄論」：一九五〇年代進行山胞身分認定時，平埔族人「不願做番」，因此放棄登記。既然兩派論述都將問題癥結指向山胞身分認定，本書第五章藉由解答四個問題來釐清山胞身分認定的來龍去脈。

問題一：山胞指的是誰？

答案非常明顯，山胞指的就是過去的生蕃或高砂族，不包含過去的熟蕃或平埔族。

問題二：為什麼會有山胞身分認定？

官方並不承認山胞是原住民族，而是需要扶持的中華民族一支。因此，山胞身分認定不是原住民身分認定，而是為了在行政上劃分租稅減免、升學優惠、選舉保障等特殊權益的界線。

問題三：山胞身分認定如何處理「平埔族」？

既然「平埔族」不是山胞，打從一開始就沒考慮處理「平埔族」。但在認定過程中，發現屏東縣滿州鄉的特殊情況，於是允許日治時期登記為「熟」的排灣族、阿美族、邵族經由補登記取得山胞身分。

問題四：多少「平埔族人」取得山胞身分？

臺灣西部只有魚池、水裡（後改名水里）、滿州、車城等四鄉有日治時代定義的平埔族人登記為平地山胞，大約一千三百人左右。魚池與水裡的是邵族；滿州與車城的是排灣族與阿美族。

問題的癥結，其實不是山胞身分認定未納入非屬山胞的平埔原住民。而是一九九四年憲法增修條文承認原住民後，並未重新進行原住民身分認定，只便宜行事將山胞改稱原住民。於是，非屬山胞的平埔原住民就這樣被排除在外。

關於外省人的疑惑

二戰以後，除了「福建人」、「廣東人」、「熟蕃」（平埔族）等標籤消失於戶口登記中，另一個重大變化是大量外省籍人口湧入臺灣。所謂外省籍，也是被戶籍制度定義出來的。中華民國政府重視省籍區別，但是不太在乎「臺灣省籍」（本省籍）內部如何區分。然而，究竟有多少外省籍人口湧入臺灣，居然缺乏可靠數字。從不到一百萬人到超過二百萬人的說法都有，眾說紛紜。這成為我的第五個疑惑。

問題的癥結，在於一九七〇年以前有數十萬外省籍軍人沒有戶籍，成為人口統計的黑數。一九五六年人口普查又將一般人民與現役在營軍人分開調查，且軍人普查的結果從未公開。直到二〇一八年，一批「行政院檔案」解密。吳俊瑩博士發現其中包含一九五六年軍人普查的數據，提供給我研究。本書第六章運用這些解密檔

案，以人口學方法算出：在一九五六年九月十六日當下，共有 1,024,233 名外省籍軍民為二戰後移入。這些移入者的性比例高達 375，亦即每 375 名男性才有 100 名女性。

社會科學研究一再發現，外省第二代的教育成就顯著高於同世代本省人。其中一種解釋是：外省第二代從小在家裡說華語，因而在使用華語的教育體系中獲得優勢。很多民眾也是這麼想的，於是放棄將自己最流利的臺語或客語傳給子孫，寧可與子孫說著蹩腳華語。然而，「從小講華語獲得教育優勢」的說法一直只是個假設，從未經由資料檢驗。對此，我不禁生出第六個疑惑：這種普遍觀點是真的嗎？還是迷思？

我藉由參加「臺灣社會變遷調查」的契機，加入一道問題：「請問您六歲時在家裡最常講哪一種語言呢？」本書第七章運用調查結果解答上述疑惑。我的懷疑是對的，從小講華語與接受高等教育是虛假關聯。事實上，影響教育成就的關鍵因素是父母的教育程度與職業地位。高學歷、高地位的父母無論對孩子講什麼語言，其子女就讀大學的機會差不多一樣高。而低學歷、低地位的父母即使刻意對孩子講華語，也不會提高上大學的機會。以「入學前講華語」來解釋外省人的教育優勢，因而得不到資料支持。外省人的教育優勢，純粹來自他們父母的優勢地位。

幼時家庭語言雖然不影響就讀大學的機會，但是影響初中畢業後的升學路線選擇。出身於華語家庭的人對讀書有更高期待（或被期待），就算學業能力不突出，也比其他人更傾向就讀高中，力拼考上大學。相對而言，出身於臺語家庭的人只要自覺讀書讀不贏

人，就傾向選擇未來可能用得上臺語的技職教育路線。經由「黑手變頭家」，許多走技職路線的臺語人日後成為小雇主。

只不過，「萬般皆下品，唯有讀書高」的觀念深植人心。許多「頭家」即使事業成功，還是希望子女好好讀書，寧可跟子女說華語。這導致本土語言從家裡連根拔起。原先用來區分福佬、客家的語言，到了年輕世代已大幅流失。福佬、客家的身分對他們而言，也就愈來愈無關緊要了。

如今，只有「原住民」這種族群身分仍由官方認定，且在許多方面（從升學、社會福利到選舉）實質影響人們生活。有些人為了爭取這種身分而與政府纏訟多年，甚至打進憲法法庭。二〇二二年，一年之內便出現兩個關於原住民身分資格的憲法判決，包括「原住民與非原住民結婚所生子女之原住民身分案」（111 年憲判字第 4 號）與「西拉雅族原住民身分案」（111 年憲判字第 17 號）。就在某些人積極爭取成為原住民的同時，卻也有許多原住民學生擔憂遭人嘲諷「靠加分」，對自己的身分隱隱藏藏，深怕洩漏。原住民／非原住民之分，至今仍是臺灣社會中最醒目的人群界線。

注釋

1　王甫昌,〈由若隱若現到大鳴大放:台灣社會學中族群研究的崛起〉,收於謝國雄編,《群學爭鳴:台灣社會學發展史,1945-2005》(臺北:群學,2008),頁447-512。

2　王甫昌,〈群體範圍、社會範圍、與理想關係:論台灣族群分類概念內涵的轉變〉,收於黃應貴編,《族群、國家治理、與新秩序的建構:新自由主義化下的族群性》(新北:群學,2018),頁59-141。

3　李文良,《清代南臺灣的移墾與「客家」社會》(臺北:臺大出版中心,2011),頁241-263。

4　潘家懿、鄭守治,〈粵東閩南語的分布及方言片的劃分〉,《臺灣語文研究》5:1(2010年3月),頁145-165。

5　謝重光,《畬族與客家福佬關係史略》(福州:福建人民出版社,2002),頁122-127。

6　韋煙灶、李易修,〈閩南族群之他稱族名「Hoklo / Hohlo」的漢字名書寫形式與變遷:從歷史文獻與地圖地名的檢索來分析〉,《地理研究》71(2018年11月),頁43-65。

7　林正慧,《臺灣客家的形塑歷程──清代至戰後的追索》(臺北:臺大出版中心,2015);施添福,〈從「客家」到客家(二):粵東「Hakka·客家」稱謂的出現、蛻變與傳播〉,《全球客家研究》2(2014年5月),頁1-114;施添福,〈從「客家」到客家(三):臺灣的客人稱謂和客人認同(上篇)〉,《全球客家研究》3(2014年11月),頁1-110。

8　John R. Shepherd, "Hakka-Hoklo Interaction: Exploring the Evidence," 收於張維安、連瑞枝主編,《族群、社會與歷史:莊英章教授榮退學術研討會論文集(上)》(新竹:國立交通大學出版社,2015),頁61-96。

9　Arthur P. Wolf, "What is Ethnicity All About?" 收於張維安、連瑞枝主編,《族群、社會與歷史:莊英章教授榮退學術研討會論文集(上)》(新竹:國立交通大學出版社,2015),頁49-59。

1 | 戶口制度中的人群分類

夫言語即種族之徵表也。言語之異同，則表現種族之異同。[1]

　　一九〇五年，臺灣總督府決定在戶口簿冊中增設「種族」欄位，將臺灣人區分為：福建人、廣東人、其他漢人、熟蕃、生蕃。這一套制度是如何演變出來的呢？官方又是根據什麼判準來區分「種族」？讓我們從頭開始看起。

一九〇五年以前的制度與祖籍調查

戶籍簿與戶口調查簿

　　日本統治臺灣之初，動用憲兵與警察的力量建立戶籍簿。直到一八九七年，總督府決定將戶籍業務回歸民政，遂於六月二十三日以府令第 26 號規定：新設立的民政機關「辨務署」業務包含管理戶籍。[2]十二月，總督府又催促各地方縣廳，趕快將以往由憲兵、

警察製作管理的戶籍簿移交給辨務署。[3] 然而，地方官僚對於這項政策感到困擾。一方面，當時臺灣人沒有主動向官方申報戶籍的習慣，且辨務署又沒有人力挨家挨戶清查戶籍，因此戶籍的準確度面臨嚴重問題。[4] 另一方面，警察也需要掌握管區內的戶口狀況，於是自己保留一套簿冊，繼續調查更新。當時臺中縣（轄區為今苗栗、臺中、彰化、南投、雲林等縣市）甚至抵制政策，拒絕將簿冊移交給辨務署，繼續由警察機關管理。[5]

由於警察實際上仍掌管戶口簿冊，且持續進行戶口調查，官方決定將這項業務納入規範。一八九九年，各縣廳陸續制訂戶口調查規則，正式在警察機關設置「戶口調查簿」。[6] 從此，民政機關的戶籍簿與警察機關的戶口調查簿，兩套系統雙軌並行。例外是未將簿冊移交給民政機關的舊臺中縣，只在警察機關設置戶口調查簿。

除了舊臺中縣，戶口調查簿都採取紙片插拔模式。亦即，戶中出現新成員時，插入新成員的紙片；原有成員死亡或移出時，則抽出紙片。[7] 這麼做的好處是方便處理異動，但是難以長久保存。未設置戶籍簿的臺中縣可能以戶口調查簿權充其功能，因而仿照戶籍簿的固定簿頁。也就是說，所有資訊寫在固定的紙上；當原有成員死亡或移出時，只是劃掉而非拔除。[8] 這樣的記錄方式有利於長久保存，因此今日我們較容易在中臺灣發現最初的戶口調查簿。

圖 1-1 就是極少數保存至今的早期戶口調查簿樣貌。其「本籍」寫「臺中縣大肚中堡梧栖下魚藔」（今臺中市梧棲區下寮里），後來「縣」劃掉改成「廳」。按臺中縣於一九〇一年十一月改制為苗栗、臺中、彰化、南投、斗六等廳，[9] 可見這本戶口調查簿的使

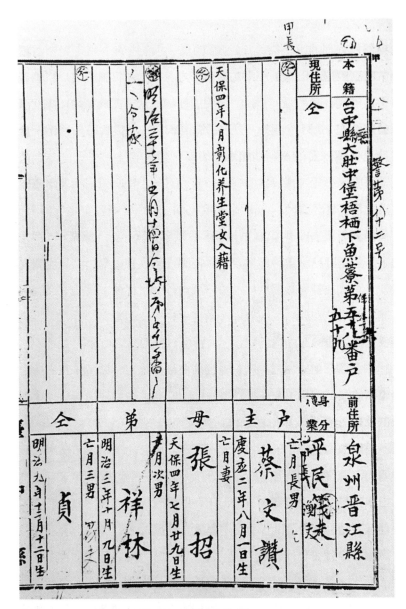

圖1-1：1903年以前的戶口調查簿實例

來源：《戶口簿：臺中廳大肚中堡梧栖下魚藔》

用期間跨越這個事件。值得注意的是,「前住所」寫「泉州晉江縣」,這明顯是祖籍地。根據臺中縣於一八九九年制訂的戶口調查簿樣式,「前住所」應記錄:「祖先居住於清國廈門或某地;祖父某某於某年左右整戶渡臺,居住於本戶籍地。」[10]從實際使用情況來看,「前住所」確實記錄祖籍地,但沒寫渡臺年分。

下魚藔現存的舊簿中,31戶寫泉州晉江縣、21戶泉州安溪縣、15戶泉州同安縣、9戶泉州南安縣、1戶泉州惠安縣、1戶漳州南靖縣,另有8戶只寫泉州,1戶只寫清國,2戶澎湖、4戶空白。[11]由此可見,當時日本統治者較關注的人群分類仍然是祖籍之分。[12]

沿革調查的人群分類

一九〇〇年十二月,總督府通告各縣廳進行「關於本島發達之沿革調查」(簡稱沿革調查),理由是:「為了本島住民移住以來變遷的狀態及各**民族**集散的狀況,需要參考調查。」[13]總督府提供的「街庄社居住**民族**調查表」樣式,區分泉州人、漳州人、廣東人、熟蕃人,並允許自行增添類別(何何人)。[14]原訂繳交期限為一九〇一年三月底,但時間過於匆促,各縣廳皆無法如期完成。其中,臺北縣(轄區為今臺北、新北、基隆、桃園、新竹等縣市)於七月上繳,臺中縣於十月上繳。緊接著十一月時,行政區重劃為二十個廳,尚未上繳的臺南縣(轄區為今嘉義、臺南、高雄、屏東等縣市)因而無法完成統整。後來,原屬臺南縣的各廳各自以改制前的資料交差,唯東港辨務署的資料付之闕如。各地繳交情況參見許世

融的整理。[15]

地方官僚要在這麼短的時間內完成任務，必然得依賴既有戶口簿冊。前文已經指出，舊臺中縣的戶口調查簿載有祖籍訊息，因此能夠在不到一年的時間內完成「街庄社居住民族調查表」。我們可以確定，至少在中臺灣，泉州人、漳州人、廣東人是祖籍之分。前文提及現存梧棲下魚藔的早期戶簿中，有85戶祖籍泉州、1戶祖籍漳州、1戶祖籍清國、2戶祖籍澎湖、4戶不詳。而根據「沿革調查」，下魚藔有97戶泉州人、1戶漳州人。[16]後者似乎將祖籍清國、澎湖、不詳都歸為泉州，而1戶漳州人則完全一致。

中臺灣以外，我曾在小琉球見到一九〇一年以後使用的戶籍簿。雖然沒有如同舊臺中縣戶口調查簿的祖籍欄位，但戶主上方空白處依稀可見關於祖籍與來臺年代的鉛筆痕跡，也許就是為了「沿革調查」而補記。

柯志明在《熟番與奸民》一書中主張：「沿革調查」係根據語言分類，其中廣東人指的是講客語的客家人。[17]這應該是誤判。我們可以觀察「沿革調查」如何區分祖先來自廣東閩語區的人們，以及祖先來自漳州客語區且仍說客語的人們。韋煙灶在彰化縣埔心鄉的族譜調查發現，瓦磘厝（瓦中村、瓦南村）、徑口厝（經口村）、大溝尾（大華村）的世居宗族主要來自廣東沿海的閩語區。[18]若按照語言分類，這些人不算廣東人。但是根據「沿革調查」，這些地方的人口大多歸為廣東人（表1-1），明顯是根據祖籍。

另一個指標地點是著名的漳州詔安客據點：雲林縣的崙背。當地人直到二十世紀時還通客語，按照柯志明的理解應該算是廣東

人。但是「沿革調查」並沒有把他們歸為廣東人，而是根據祖籍歸為漳州人（表 1-1）。

　　此外，根據方言差異區分泉州人與漳州人不是那麼簡單的事情。臺灣多數口音不是純粹的泉州腔或漳州腔，而是泉中有漳、漳中有泉的「漳泉濫」（Tsiang-Tsuân-lām）。[19] 尤其南臺灣的口音更是徹底的混合腔，[20] 反映漳泉不分的歷史。若要未受過語言學專業訓練的基層官僚去分辨泉音幾人、漳音幾人，實在強人所難。中臺灣的泉音、漳音之分相對清晰，不過兩者之間也是漸層變化。從泉音核心區往外，泉音愈來愈淡薄，反之亦然。[21] 在口音模稜兩可的交界地帶，要如何歸類呢？由此可見，泉州人、漳州人的區分比較可能是根據祖籍而非語言。

　　《熟番與奸民》根據「沿革調查」繪製 12 幅人群分布圖，用以說明十八世紀的情勢。[22] 這實在是沒有辦法中的辦法，因為清代缺乏如此細緻的人群分布資料。不過我們應該謹記在心，二十世紀初的人群分布是十八世紀以來人群分類甚至衝突的結果。衝突愈是嚴

表1-1 「沿革調查」中若干指標地點的數據

主要祖籍地	地點	泉州人	漳州人	廣東人
廣東閩語區	瓦磘厝庄	65	45	293
	徑口厝庄	0	4	327
	大溝尾庄	0	0	879
漳州客語區	崙背街	24	1,017	0
	崙前庄	8	567	0

來源：「本島發達ニ關スル沿革調查ノ件」（二冊ノ一），頁 184-186、227。

重，後來的人群分布愈是壁壘分明。我們可以在臺灣以外其他地方看到類似過程。例如賽普勒斯於一九六○年時，土耳其裔與希臘裔的分布有如馬賽克拼貼一樣交錯。後來的族群衝突使土耳其裔向北方集中、希臘裔向南方集中，最終演變成一邊一族。[23] 同理，清代臺灣曾經發生分類械鬥的地方，原先人群分布可能比二十世紀初時所見還要混雜。

柯志明既將「沿革調查」中的「廣東人」理解為客家人，於是也將十八世紀史料中的「廣東民人」、「粵民」理解為客家人，以保持一致。如此詮釋的風險不小。事實上，「沿革調查」中「廣東人」指的就是祖籍廣東的人，不一定講客語。即使不得已使用「沿革調查」資料來說明清代人群分布，也不用冒險將十八世紀官員眼中的「廣東民人」、「粵民」推斷為客家人。

一九○三年變革

鑑於先前由地方縣廳制訂的戶口調查規則各有不同，一九○三年五月二十日，總督兒玉源太郎以訓令第 104 號發布全島統一的「戶口調查規程」。[24] 新的戶口調查簿樣式吸收先前臺中縣樣式的優點，也採取固定簿頁。其中，右下角欄位「原籍」應填入「何廳何街庄何番戶」（圖 1-2）。換言之，所謂原籍只追溯臺灣的地點，不再像先前臺中縣那樣追溯中國的祖籍。按照這套新樣式，總督府不但沒考慮在戶口資料中區分福佬、客家，也不打算按祖籍區分福建、廣東。

有意思的是，雖然制度沒有規定，但小琉球的執行者自行在戶

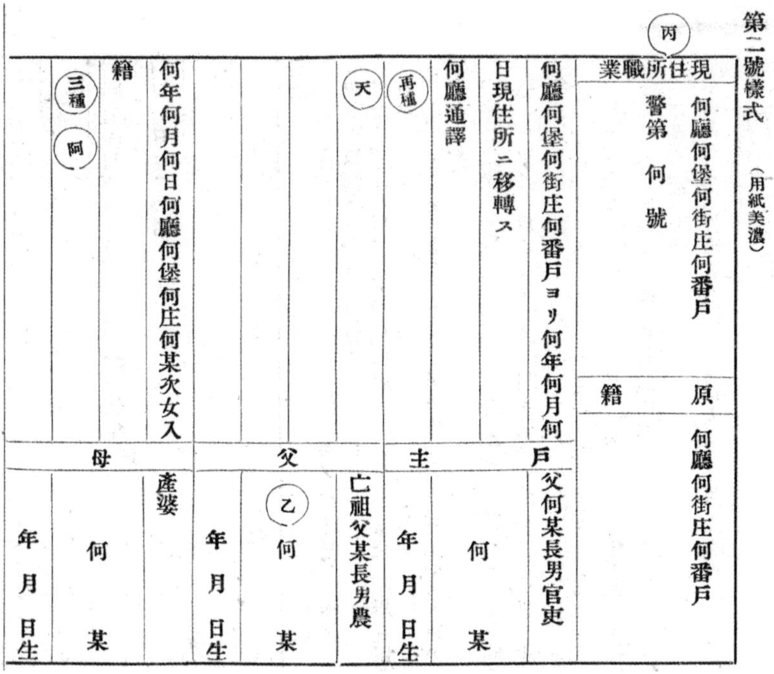

第二號樣式　（用紙美濃）

丙

現住所　職業
警　第　何　號
何廳何堡何街庄何番戶

原　籍
何廳何街庄何番戶

何廳何堡何街庄何番戶ヨリ何年何月何
日現住所ニ移轉ス

何應通譯

再種

天

籍

三種

阿

何年何月何日何廳何堡何庄何某次女入

戶　父何某長男官吏

主　何某　年月日生

亡祖父某某長男農

父

乙

何某　年月日生

母　產婆　何某　年月日生

圖1-2：1903年制訂的戶口調查簿樣式

來源：〈戶口調查規程〉，《府報》1345（1903年5月20日），頁32。國史館臺灣文獻館。

主上方欄位寫下祖籍地以及渡臺年分。[25] 這些資訊應該是抄自更早期的戶口簿冊，也許稍早前曾用來回報「沿革調查」的要求。

種族欄的出現與消失

首次人口普查

　　一九〇五年，戶口制度發生重大變革，原因與當年舉辦的人口

普查有關。時間回到一八九五年，國際統計學會（日文稱國際統計協會）建議各國於一九○○年共同舉辦人口普查，並邀請日本共襄盛舉。此邀約在日本引發迴響，特別是東京統計協會的 19 名會員共同向國會提出「明治三十三年（按：一九○○年）國勢調查施行請願」。響應的眾議員也聯手通過「國勢調查施行建議案」，交付內閣。[26] 從此，人口普查在日本稱為國勢調查。不過，推動國勢調查的進度並不順利，直到一九○二年才通過相關法律，已經錯過一九○○年與各國同步的理想。

　　一九○二年十二月一日，內閣總理大臣桂太郎發布法律第 49 號，規定每十年舉行一次國勢調查，且一九○五年在帝國全版圖內舉行第一回國勢調查。[27] 為此，臺灣總督府請來統計專家水科七三郎，自一九○三年九月開始籌劃國勢調查方針。[28] 水科一八六三年生於仙臺；一八八六年畢業於東京共立統計學校；一九○三年八月來臺就任總督府技師。水科相當熱衷統計事務，抵臺不久便創立臺灣統計協會。[29]

　　經過水科的研究，總督兒玉源太郎於一九○四年三月二十二日拍版定案：臺灣的國勢調查以警察機關的戶口調查簿為根據。亦即，透過在地的保正與甲長協助，事先將國勢調查的事項記錄在戶口調查簿上。等到正式調查時，調查員只要核對戶口調查簿的記載是否屬實即可。[30] 為了確認這種調查方法的可行性，官方於八月十三日起在桃園街進行試驗。結果相當順利，三天內就完成全部調查工作。[31]

　　一九○四年十二月，總督府通令地方，為了準備翌年十月的國

勢調查，預先在戶口調查簿追加記入下列事項：[32]

（一）副業（相對於本業）

（二）不具者，即盲、啞、聾、白痴、癲癇

（三）纏足者

（四）解纏足者

（五）出生地（僅內地人〔按：日本人〕）

（六）來臺年月日（僅內地人）

（七）住家情形（僅戶主）

　　　(1) 持地持家〔按：自有土地與房屋〕

　　　(2) 借地持家〔按：租地、自有房屋〕

　　　(3) 借地借家〔按：租地、租屋〕

　　　(4) 持地借家〔按：自有土地、租屋〕

　　請留意，直到此時，總督府仍未考慮在國勢調查中區分祖籍或語言群體。

　　隨後，因日俄戰爭（一九〇四～一九〇五）愈演愈烈，內閣總理大臣桂太郎於一九〇五年二月十五日發布法律第 13 號，將原訂當年舉行的第一回國勢調查暫緩，另以敕令訂定舉行時間。[33] 臺灣受到日俄戰爭的影響較小，且民政長官後藤新平本人熱中於國勢調查，因此決定以「臨時臺灣戶口調查」的名義，於原訂時間自行舉辦國勢調查。使用這個名稱的考量是，臺灣人已經熟悉戶口調查，但從未聽聞國勢調查，稱呼前者可避免猜疑。[34]

六月八日，總督兒玉源太郎以府令第 39 號發布「臨時臺灣戶口調查規則」，規定以十月一日零時為基準，調查 22 個事項，其中包含種族、常用語等去年十二月未要求調查的事項。[35] 為此，民政長官後藤新平通令地方，盡速在戶口調查簿追加記入下列事項：[36]

（一）種族

（二）婚姻上的身分

（三）本業之地位

（四）副業之地位

（五）常用語

（六）常用以外之語

（七）讀寫程度

（八）不具原因〔按：身心障礙原因〕

（九）國籍

然而，參與實地調查的警察紛紛抱怨：戶口調查簿的格子太小，很難寫下那麼多調查事項。為此，警察本署長大島久滿次回覆地方：寫不下時就貼紙條，寫在紙條上。[37] 如圖 1-3 的範例，戶口調查簿貼了許多紙條，記錄調查事項。不過，貼紙條仍嫌麻煩，執行者似乎沒有完全接受這種做法。我在小琉球的戶政機關親眼目睹當年使用的舊簿。當地執行者事先刻好印章，在個人資料上方空白處蓋上「常福種福」等戳記，代表「常用語福建、種族福建」。

由於調查事項已事先記錄在戶口調查簿上，正式調查時，平均

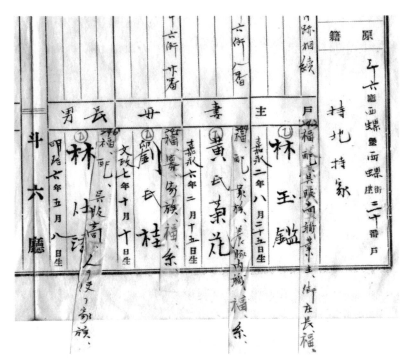

圖1-3：戶口調查簿追加記入國勢調查事項

來源：「戶口調查簿記入欄／義二付各廳へ通達ノ件」。國史館臺灣文獻館。

每戶只需要花 5 分鐘核對資料。一九〇五年十月一日（調查基準日）當天，全島調查進度就完成八成，隔天完成九成以上。[38] 首次人口普查大獲成功。

什麼是種族？

戶口調查簿原本沒有種族欄。直到一九〇四年十二月，官方也還沒想到要在人口普查中調查「種族」。為什麼最後關頭會追加

「種族」呢？這指的又是什麼？也許，總督府的統計官僚從一九〇一年英屬馬來聯邦的人口普查中獲得啟發。沒有普查經驗的他們應該參考了先行者如何在殖民地執行人口普查，尤其是參考同樣存在大量華人的殖民地。當時馬來聯邦的人群分類就叫「種族」（race），粗分為：歐美人、歐亞混血（Eurasians）、華人、馬來人與其他群島人、坦米爾人與其他印度人、其他種族。在華人之下，又細分為：廣東人、福建人、海南人、客人（Khehs）、潮州人、土生（Straits-born）等，[39] 與當地「方言群」若合符節。

統計官僚將「種族」概念引入臺灣，粗分為：內地人、本島人、外國人。在本島人之下，細分為福建人、廣東人、其他漢人、熟蕃、生蕃。[40] 從字面意義來看，福建、廣東是祖籍的分別。不過，統計官僚教導調查員按照現存特徵來區分。在調查開始之前的訓練中，熟悉地方民情的警務人員曾提出疑問：如果祖先來自廣東，但語言、風俗與福建人相同，應如何認定「種族」？總督府的回答如下：「**即使有廣東人的歷史，然其特徵不存，已福建化者，應將其視為福建人調查。**」[41] 這段問答刊行於《臨時臺灣戶口調查諸法規問答錄》中，確認「福建人」、「廣東人」的區分主要按照現存特徵，而不是根據歷史（祖籍）。

那麼，所謂現存特徵，主要是什麼？臨時臺灣戶口調查在認定「種族」的同時，也調查人們的語言。調查報告寫得很清楚：「**夫言語即種族之徵表也。言語之異同，則表現種族之異同。**」[42] 報告也提到，調查語言不只是為了瞭解語言，更重要的目的是將語言與「種族」連結起來：「**言語之調查，決不可以獨悉得言語之為何，須將**

連結以言語與種族，而期闡明各種族之言語關係為要，且其為本調查之精神也。」[43] 顯而易見，當時區分福建人、廣東人的主要依據就是語言，大致相當於閩南語人群（福佬）、客語人群（客家）的區別。後文還會進一步分析種族與語言的關聯。

戶口制度完備

臨時臺灣戶口調查僅確認一九〇五年十月一日的狀態。若要維持戶口資料的準確，還得持續追蹤後續人口異動情形。於是，總督於九月十九日以府令第 70 號發布「人口異動之申報規則」，規定自十月一日起，凡出生、死亡等十種人口異動，都必須在事實發生十日內向轄區警察機關申報。若查獲未申報或申報不實的情形，將課以罰金，最高罰 20 圓。[44] 當時的 20 圓是什麼概念呢？根據一九〇三年土地調查，平均每甲水田的全年收成是 110.6 圓；平均每甲旱田的全年收成是 58.6 圓。[45] 以上數字尚未扣除種苗、水租、肥料等成本。由此可見，未申報或申報不實的處罰對當時的人們而言是沉重負擔。

完成人口普查後，戶口制度也全面調整。十二月二十六日，總督以府令第 93 號發布「戶口規則」，規定更多申報事項，取代先前的「人口異動之申報規則」。往後有關戶口事項一律記錄於戶口調查簿，並存放於行政機關。至於如闌尾一般的戶籍簿，正式遭到廢除。[46]

同日以訓令第 255 號發布的「戶口調查規程」規範新版戶口調查簿樣式。先前為了人口普查而追加記入的種族、阿片吸食、纏

足、不具（身心障礙）等事項，內化為戶口調查簿的固定欄位（圖1-4）。其中，內地人（日本人）、福建人、廣東人、其他漢人、熟蕃、生蕃、清國人（中國人）分別以內、福、廣、漢、熟、生、清等略符記載於種族欄中。原則上，種族繼承生父，父不詳時繼承生母。[47] 戶口調查簿並未增設「常用語」欄位，也許是因為語言與種族幾乎一致。新制度自一九〇六年一月十五日起正式上路，於是舊簿的資訊重新謄錄至新版戶口調查簿，但精確資訊始於一九〇五年十月一日。

> **府令與訓令**
> 府令對一般人民發生規範效力，而訓令是總督府對下級機關發布的職權規則。因此，「人民申報戶口」由府令規定；「警察查戶口」由訓令規定。

「戶口調查規程」也規定警察持有「戶口調查副簿」，且每半年至少登門實查一次，[48] 這就是俗話中的「查戶口」。由於警察定期查戶口，一旦查獲不實還可課以重罰，人們幾乎沒有隱瞞事實的餘地。另一方面，警察定期攜帶副簿至行政機關核對正本（每半年至少一次）。而戶口主務（主任）同時根據人民的申報以及警察實地調查的副簿來整理正本，對資訊準確性雙重把關。

往後，戶口調查簿的更換跟隨戶主。當戶主死亡、隱居（辭去戶主）時，原有戶口調查簿停用，轉移至「除戶簿」永久保存。該戶其餘成員的資料則抄錄至新的戶口調查簿，並由其中一人擔任新戶主。

　　圖1-4 擷自作者母系家族於一九○六年後使用的戶口調查簿影本，可見其欄位比早期樣式（圖1-2）增加很多。戶主與長男的「種族」都是「福」；「種別」欄寫「一」，表示警察每六個月查一次戶口。兩人都得過天花並痊癒，不需要再種牛痘，因此「種痘」欄記入「天」。一九○七年（明治四十年）七月三十一日，戶主蘇檯死亡（以紅筆寫在事由欄），由長男蘇白皮繼任戶主。因此整本簿冊劃上斜線作廢，轉移至「除戶簿」。戶中成員資料重新謄錄至以蘇白皮為戶主的戶口調查簿中。

為何刪除種族欄

　　日本統治臺灣之初曾嘗試建立戶籍，但不久之後便宣告放棄，改以戶口調查簿管理戶口。戶口調查簿不具戶籍效力，但日本的《民法》規定以戶籍公證身分關係。如果臺灣人嫁給日本人為妻，或由日本人收養，只要入日本的戶籍，便可得到法律承認。但是反過來，若日本人嫁給臺灣人為妻，或由臺灣人收養，由於臺灣人沒有戶籍，無法得到法律承認。隨著臺灣人與日本人的交往漸多，臺灣人無戶籍所引發的糾紛也日益增加。

　　為了解決這個難題，總督中川健藏於一九三三年一月二十日以府令第 8 號規定：三月一日起，本島人的戶籍暫時依據一九○五年的「戶口規則」。[49] 至此，戶口調查簿視同戶籍。當然，這只是暫時性權宜措施。整套戶口制度，都得以《戶籍法》為準重新調整。

　　一九三五年六月四日，總督中川健藏以府令第 32 號修訂「戶口規則」，並以訓令第 33 號規範新版戶口調查簿樣式。新樣式仿效

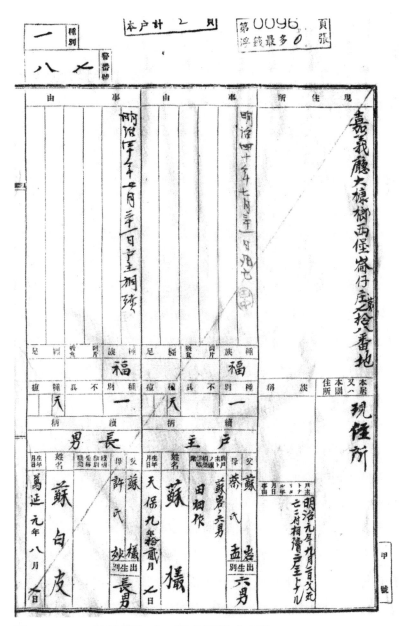

圖1-4：1905年制訂的戶口調查簿樣式實例

來源：作者收藏之影本

日本的戶籍簿，因此戶籍簿所沒有的種族、種別、阿片吸食、纏足、不具（身心障礙）、種痘等欄位都遭到刪除。另一方面，以訓令第 34 號修訂的「戶口調查規程」規定：警察持有的副簿保留種族、種別、阿片吸食、不具、種痘等欄位。相較於舊樣式，只減少纏足欄（一九一五年起已禁止女孩纏足，詳見本書第二章）。此外，原先的熟蕃改稱平埔族，生蕃改稱高砂族，分別以平、高記入副簿的種族欄中。新制度自八月一日起上路。[50]

此次變革並非全面換用新簿。唯有戶主更替（死亡、辭任）時才啟用新簿；戶主若未更替，則繼續使用帶有種族欄的舊簿。不過，繼續使用的舊簿全面塗黑種別欄，因為此欄資訊為警察多久查一次戶口（一為六個月一次、二為三個月一次、三為每個月一次），不適合放在以公證人民身分關係為目的的戶籍資料中。少數地方官僚可能混淆種別與種族，誤將種族欄也塗黑。近年來，有些追尋平埔（熟蕃）根源的人以為這是政府想要掩蓋臺灣人的原住民根源。事實上，種族欄塗黑只見於少許地點，應該是地方官僚誤解命令，不是什麼大陰謀。

圖 1-5 擷自作者母系家族的戶口調查簿影本，透露一九三五年八月一日前後的變化。四男蘇麗水生於一九三五年（昭和十年）四月九日，仍然記入種族與種別，但種別欄後來塗黑。五女蘇氏足生於一九三六年（昭和十一年）四月十日，不再記入種族、種別訊息。另外值得注意的是，改制前的出生事由寫「出生於本居地」，改制後寫「出生於本籍」。這反映改制後戶口調查簿正式等同戶籍簿。

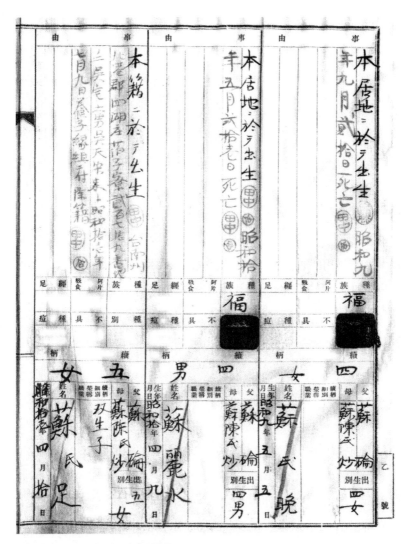

圖1-5：1935年前後的變化

來源：作者收藏之影本

　　雖然一九三五年八月一日以後戶口調查簿不再記入種族訊息，不過，警察手中的副簿仍有該項訊息。因此，總督府在後續的年度統計報告中，仍然能夠統計種族別人口。可惜的是，警察持有的副簿大多沒有留存至今。今日戶政事務所保存的是正本。

種族與語言的關聯

福建、廣東的意涵

　　一九〇五年人口普查（臨時臺灣戶口調查）雖然區分福建語、廣東語，但未詳加說明其定義。一九一五年人口普查（第二次臨時臺灣戶口調查）則具體定義如下：

> 福建語（泉州語、漳州語、廈門語等，另包含福州語、潮州語、興化語等）
> 廣東語（所謂客人語，另包含廣州語）[51]

　　按照現代語言學分類，泉州語、漳州語、廈門語、潮州語都是閩南語的分支。雖然福州語（閩東語）、興化語（莆仙語）不算閩南語，廣州語（粵語）也異於客語，但福州語、興化語、廣州語在臺灣的使用人口微乎其微，可以忽略不計。如此，「福建語」大致為閩南語，「廣東語」大致為客語。

　　由於一九一五年人口普查對於福建語、廣東語的定義明確，下列分析以這次普查為準。表 1-2 列出該年種族與語言的交叉分析。

重點是：常用語為福建語（亦即家裡講閩南語）的人口當中，96.0% 認定為福建人；常用語為廣東語（亦即家裡講客語）的人口當中，98.1% 認定為廣東人。從另一個角度來看，福建人當中有99.9% 會講福建語；廣東人當中有 90.2% 會講廣東語（常用語、副用語合計）。由此可見，種族與語言高度重疊。「福建人」、「廣東人」大致相當於閩南語人群（福佬）、客語人群（客家）的區別。來自廣東的閩南語人群通常會被認定為福建人，而不是廣東人。

　　前文指出，彰化縣埔心鄉瓦磘厝、徑口厝、大溝尾的世居宗族主要來自廣東沿海的閩語區，且一九〇一年「沿革調查」也將當地多數人歸為廣東人（表 1-1）。但是在戶口制度中，這些人的種族幾乎都成為福建人。根據一九一五年人口普查，瓦磘厝、太平（合併徑口厝）、大溝尾的福建人分別占 100%、99.7%、99.0%。[52]

　　當然，種族與語言不是 100% 相符，我發現下列兩處特殊案例。其一，桃園新屋的大牛欄聚集來自廣東省的福佬家族，在家裡講閩南語，對外通客語；[53] 當地人大多登記為廣東人（97.8%）。其二，雲林崙背的詔安客（來自福建漳州）在家裡講客語，對外通閩南語；[54] 當地人幾乎都登記為福建人（99.9%）。由此可見，雙語人群較可能溢出種族與語言的簡單對應原則。另外，當時人們可能也不知道，詔安客在家裡講的那種話，與廣東客家人的話算是同一種語言。

　　另一方面，跨語群收養也會導致種族與語言的不一致。例如，從小由福建人收養的廣東人子女，其種族繼承生父的「廣」，但常用語是養家的「福」。雖然少許個人不一致，但如果我們詮釋的是

表1-2：1915年種族與語言交叉表

		內地人	福建人	廣東人	其他漢人	熟蕃	生蕃*
人口 (A)		135,401	2,753,212	478,557	158	47,676	46,152
常用語 (B)	內地語	135,208	1,106	200	0	17	21
	福建語	162	2,744,566 (96.0%)	70,543 (2.5%)	109	41,281 (1.4%)	977
	廣東語	12	6,806 (1.6%)	407,542 (98.1%)	14	766 (0.2%)	142
	其他漢語	0	74	0	12	0	4
	蕃語	18	657	272	23	5,612	45,008
	外國語	1	2	0	0	0	0
副用語 (C)	內地語	114	41,637	6,913	11	422	853
	福建語	14,801	5,406	70,360	17	3,722	385
	廣東語	685	11,792	24,225	9	430	5
	其他漢語	39	500	7	17	0	2
	蕃語	667	1,578	538	18	1,924	959
	外國語	2,096	40	3	0	0	0
使用率 (B+C)/A	內地語	99.9%	1.6%	1.5%	7.0%	0.9%	1.9%
	福建語	11.1%	99.9%	29.4%	79.7%	94.4%	3.0%
	廣東語	0.5%	0.7%	90.2%	14.6%	2.5%	0.3%
	蕃語	0.5%	0.1%	0.2%	25.9%	15.8%	99.6%

注：括弧內為橫列百分比。*限行政區域內的阿美族、卑南族。
資料來源：臺灣總督官房臨時臺灣戶口調查部編，《第二次臨時臺灣戶口調查集計原表（全島之部）》（臺北：該部，1917），頁1158-1159。

一大群人的統計，那麼將福、廣視為福佬、客家的誤差相當小。

　　日本人將福佬、客家分別稱為福建人、廣東人，這是一種誤會。但既然當時是根據這種誤會來區分「種族」，我們也只能按照這種誤會來理解戶口檔案與人口統計中的福建人、廣東人。所謂種族雖挪用「福建」、「廣東」的稱呼，但意涵已發生轉化，不再是字面上的省籍，而是近乎語言群體。

　　本書後續章節將原始資料中的「福建人」、「廣東人」轉譯為較接近真相的福佬、客家，以免讀者囿於字面意義而發生誤解。

臺灣通用語

　　表 1-2 還透露一個重要的語言現象：29.4% 的客家人與 94.4% 的熟蕃（平埔原住民）會說「福建語」（閩南語）。不僅如此，內地人（日本人）也有 11.1% 會說這種語言，遠高於臺灣人會說「內地語」（日語）的比率。由此可見，當時閩南語在臺灣具有通用語（lingua franca）的地位，因而獲得「臺灣語」、「臺灣話」稱號，簡稱「臺語」。

　　由於擔任基層警察的日本人站在第一線面對臺灣人，尤其是要查戶口，官方鼓勵他們學習本土語言。總督府每年舉辦本土語言檢定，讓通過檢定的日本官吏獲得特別津貼。[55] 此外，一八九八年設立的「警察官及司獄官練習所」每週上十二小時本土語言課程，其中警部練習生得上四十週（甲科）、巡查練習生上二十週（乙科）。[56] 實務上，這門課專修「臺灣語」，也就是最通用的閩南語。其教材《警察會話編》、《臺灣語教科書》皆以警察基本業務進行會

話練習，包括戶口實查、出生申報、結婚申報等等。[57]

　　圖 1-6 展示《臺灣語教科書》中關於戶口實查的會話內容。這本教科書的使用者認真寫筆記，正好反映上課情形。課文第一句：「汝是戶主或不是」，其假名注音可轉寫為：「lí sī hōo-tsú iah m̄-sī」。筆記指示在這句話之前可先問：「我來要戶口調查，有人在得無？」

　　課文第二句：「是，我是戶主」，其假名注音可轉寫為：「sī, guá sī hōo-tsú」。筆記指示若對方答「不是，我不是戶主」，接著問：「如此是何人」（推測：án-ni sī siánn-lâng）。像這樣的訓練，確保了戶口制度運作的準確性。

　　前述 11.1% 日本人通閩南語（表 1-2），是不分男女老幼的數字。如果只看二十歲以上日本男性，則有 21.9% 能說。[58] 當然，這其中許多人的程度可能僅限於基本公務會話。

觀念混淆

　　日本人誤將福佬、客家稱為福建人、廣東人，並透過戶口制度強加於臺灣人，使人們逐漸混淆祖籍與語言群體的概念。二戰以後，臺灣省行政長官公署接收臺灣總督府的調查統計資料，並在日籍留用人員的協助下編纂《臺灣省五十一年來統計提要》。這部日治臺灣的總整理將福建人、廣東人轉譯為「來自福建」、「來自廣東」。[59] 一九五六年，中華民國在臺灣舉行第一次人口普查，調查事項包含本省人的祖籍。行政院戶口普查處對於祖籍的認定做出下列解釋：

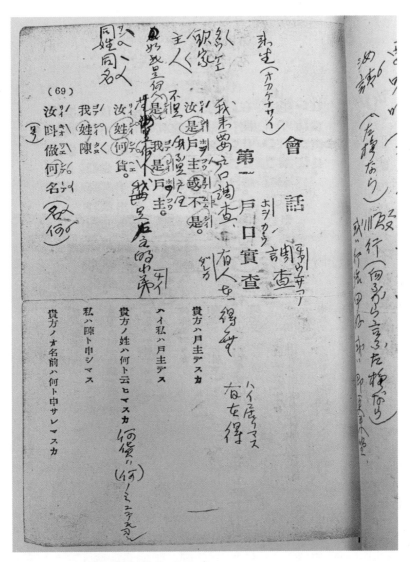

圖1-6：《臺灣語教科書》的內容

來源：臺灣總督府警察官及司獄官練習所編，《臺灣語教科書》（東京：松華堂，1922），臺北：國立臺灣大學圖書館藏。

可依其家庭之日常用語填記，如常用閩南語者，祖籍為福
建，常用客家語者，祖籍為廣東。[60]

　　長年的混淆，導致有些廣東福佬後代以為祖先來自福建；福建
客家後代以為祖先來自廣東。例如，來自廣東省潮州府饒平縣的福
佬家族，將自己的祖籍地寫成「福建省潮州府饒平縣」甚至「福建
省漳州府饒平縣」。來自福建省武平縣的客家家族，將自己的祖籍
地寫成「廣東省武平縣」。[61]

　　此種混淆甚至誇大「福佬客」概念。很多人以為祖籍廣東但語
言、風俗同福佬的人，就是福佬化客家人，簡稱福佬客。事實上，
「福佬」最初指的就是廣東沿海的閩語人群。韋煙灶調查傳說中的
福佬客地區：彰化縣埔心鄉與永靖鄉，發現祖籍廣東的家族約一半
來自閩語區，原本就是福佬。[62] 另一方面，來自廣東的三山國王信
仰也經常被誤解為客家信仰。陳中道生實地踏查全臺灣 252 間三山
國王廟，發現其中 137 間的創建者是福佬人，破解迷思。[63]

　　陳朝海的家族世居於屏東縣潮州鎮、祖籍廣東省潮州府普寧
縣。他仍然知道自己不是客家人，於一九七二年寫〈樂善堂陳氏家
譜序言〉時，如此抱怨：

凡恆操閩南語者，就稱為「福建人」，而長用客家語者，概
稱為「廣東人」，初不問「福建」、「廣東」兩省的語言究有
何差別，於是處此皂白不分、涇渭不明的顢頇「倭奴政策」
下，我等常用閩南語而籍隸於粵東者，竟搖身一變而不自覺

　　地承認為「福建人」，事之可扼腕兼喟嘆的，孰有甚於這個
嘛？是以每一思及，長為髮指！[64]

　　雖然日治時期戶口制度造成觀念的混淆，但不可諱言的是，福
佬、客家之分以錯誤的標籤得到固化。相較之下，原先在中北部也
是人群分類重要準則的泉州、漳州之分，隨著戶口制度不予區別，
也就逐漸消弭淡化了。

注釋

1　臺灣總督府總督官房統計課編，《明治三十八年臨時臺灣漢譯戶口調查記述報文》（臺北：該課，1909），頁 166。

2　「臺灣總督府辨務署取扱事項」，《臺灣總督府報》105（1897 年 6 月 23 日），頁 37。

3　「戶籍事務弁務署へ引繼方通達」（1897-12-07），《臺灣總督府檔案・總督府公文類纂》，國史館臺灣文獻館，典藏號：00000135013。

4　王學新，《日據時期戶口調查史料選編》（南投：國史館臺灣文獻館，2014），頁 35-36。

5　王學新，《日據時期戶口調查史料選編》，頁 46。

6　王學新，《日據時期戶口調查史料選編》，頁 49。

7　王學新，《日據時期戶口調查史料選編》，頁 50。

8　我曾在小琉球見到一九〇一年以前使用的舊臺南縣戶籍簿（同時期的戶口調查簿則未留存），也是採取固定簿頁而非插拔模式。

9　〈廳位置及管轄區域左ノ通相定ム〉，《府報》1054（1901 年 11 月 11 日），頁 16-17。

10　原文「祖先以來清國廈門何々ニ住ス祖父某何年頃全戶渡臺本籍ニ住居ス」。出處：〈臺中縣訓令第八十一號／本島人戶口取扱規則左ノ通相定ム〉，《臺中縣報》167（1899 年 8 月 22 日），頁 186-187。

11　《戶口簿：臺中廳大肚中堡梧栖下魚藔》，臺北：中央研究院人文社會科學聯合圖書館藏，索書號：S 007.1 3068。

12　大甲一帶熟蕃的「前住所」寫「台灣番民本籍住居」，此訊息由李宗信教授提供。

13　「臺灣發達ニ關スル沿革調查ノ件（二冊ノ一）」（1900-12-19），《臺灣總督府檔案・總督府公文類纂》，國史館臺灣文獻館，典藏號：00000781001，頁 3；許世融，《日治前期的族群語言調查：一個歷史 GIS 的解讀途徑》（臺北：采薈軒，2022），頁 16。

14　「臺灣發達ニ關スル沿革調查ノ件（二冊ノ一）」，頁 5。

15　許世融，《日治前期的族群語言調查》，頁 17-19。

16　「本島發達ニ關スル沿革調查ノ件」（二冊ノ一），頁 149。

17　柯志明，《熟番與奸民：清代臺灣的治理部署與抗爭政治》（臺北：臺大出版中心，2021），頁 1079。

18　韋煙灶，〈彰化永 及埔心地區閩客族群裔的空間分布特色之研究〉，《地理研究》59（2013 年 11 月），頁 1-22。

19　洪惟仁，《臺灣語言的分類與分區：理論與方法》（臺北：前衛，2019），頁 174-175。

20　洪惟仁，《臺灣語言的分類與分區：理論與方法》，頁 244-245。

21　洪惟仁，《臺灣語言的分類與分區：理論與方法》，頁 234。

22　包括圖 2-1、2-2、2-3、14-1、14-2、16-1、16-2、16-3、16-4、16-5、21-1、21-2，另附錄圖 2-1 為全臺總圖。

23　Rekacewicz, "Ethnic cleansing in Cyprus", https://mondediplo.com/maps/cyprusmdv49.

24　〈戶口調查規程〉，《府報》1345（1903 年 5 月 20 日），頁 31-35。

25　李宗信曾利用這些資訊統計小琉球漢人的祖籍與移入時間。見：李宗信，〈小琉球的漢人移民與社會——以 1904 年的戶籍資料為主〉，《臺灣文獻》55:4（2004 年 12 月），頁 247-273。

26　林佩欣，〈臺灣總督府統計調查事業之研究〉（新北：臺北大學博士論文，2012），頁 85-86。

27　王學新，《日據時期戶口調查史料選編》，頁 67。

28　臺灣總督府官房統計課編，《明治三十八年臨時臺灣戶口調查顛末》（臺北：該課，1908），頁 5；王學新，《日據時期戶口調查史料選編》，頁 70-71。

29　王學新，《日據時期戶口調查史料選編》，頁 154。

30　臺灣總督府官房統計課編，《明治三十八年臨時臺灣戶口調查顛末》，頁 5；王學新，《日據時期戶口調查史料選編》，頁 70-71。

31　王學新，《日據時期戶口調查史料選編》，頁 72。

32　「戶口調查簿整理方ニ付各廳長ニ通達等ノ件」（1904-11-28），《臺灣總督府檔案‧總督府公文類纂》，國史館臺灣文獻館，典藏號：00001116020。

33　王學新，《日據時期戶口調查史料選編》，頁 74。

34　臺灣總督府官房統計課編，《明治三十八年臨時臺灣戶口調查顛末》，頁 13-14。

35　包括：姓名、與所帶主（即謂主持家計支人）之聯繫或與所帶主抑或所帶之關係、種族、男女之別、男女之別、出生年月日、因婚緣所生之身分、本業名、本業之地位、副業名、副業之地位、常用語、常用以外之語、讀寫程度、不具種類（限聾啞、盲、白痴及瘋癲）、不具原因、阿片煙吸食者、纏足者、出生地（限內地人）、原籍（限內地人）、國籍（限外國人）、渡臺年（限內地人）、常住地（限暫時現住者）。見：〈府令第三十九號〉，《府報》1765（1905 年 6 月 8 日），頁 12-13。

36　「戶口調查簿記入欄ノ義ニ付各廳ヘ通達ノ件」（1905-06-01），《臺灣總督府檔案‧總督府公文類纂》，國史館臺灣文獻館，典藏號：00004841003，頁 216-218。

37 「戶口調查簿記入欄ノ義ニ付各廳ヘ通達ノ件」，頁 240-242。

38 王學新，《日據時期戶口調查史料選編》，頁 172-173。

39 Charles Hirschman, "The Meaning and Measurement of Ethnicity in Malaysia: An Analysis of Census Classifications," *The Journal of Asian Studies* 46:3 (Aug., 1987), pp. 555-582.

40 「臨時臺灣戶口調查ニ關スル所帶票樣式及所帶票記入心得」，《府報》1765（1905 年 6 月 8 日），頁 18。

41 臨時臺灣戶口調查部編，《臨時臺灣戶口調查諸法規問答錄》（臺北：該部，1905），頁 58。

42 臺灣總督府總督官房統計課編，《明治三十八年臨時臺灣漢譯戶口調查記述報文》，頁 166。

43 臺灣總督府總督官房統計課編，《明治三十八年臨時臺灣漢譯戶口調查記述報文》，頁 166。

44 包括：生產（含棄兒）、死產、死亡、養子緣組〔按：收養〕、結婚（含婿養子、入夫、招夫婚姻）、離緣〔按：解除收養〕、離婚、轉住、國籍得喪，以及姓名、生日、原籍之變更。見：「人口異動ニ關スル屆出規則」，《府報》1831（1905 年 9 月 19 日），頁 44-46。

45 根據下列資料計算：臨時臺灣土地調查局編，《田收穫及小租調查書》（臺北：該局，1905）；臨時臺灣土地調查局編，《畑收穫及小租調查書》（臺北：該局，1905）。

46 「戶口規則」，《府報》1887（1905 年 12 月 26 日），頁 74-88。

47 「戶口調查規程」，《府報》1887（1905 年 12 月 26 日），頁 88-96。

48 分為三種：種別一為官吏、公吏或有資產、固定職業且行徑善良者，每六個月實查一次；種別二為一般人，每三個月實查一次；種別三為需要警察特別注意者，每個月實查一次。

49 一九三二年律令第 2 號授權臺灣總督訂定臺灣人的戶籍管理辦法，而臺灣總督據此發布一九三三年府令第 8 號。見：「本島人ノ戶籍ニ關スル件」，《府報》1718（1933 年 1 月 20 日），頁 32。

50 「戶口規則改正」、「戶口規則施行規程」、「戶口調查規程改正」，《府報》2406（1935 年 6 月 4 日），頁 5-20。

51 「臨時戶口調查所帶票樣式及所帶票記入心得」，《府報》773（1915 年 6 月 15 日），頁 32。

52 街庄層次的數字根據下列資料計算（以後皆同）：臺灣總督官房臨時戶口調查部編，《第二次臨時臺灣戶口調查概覽表》（臺北：該部，1917）。

53 陳淑娟，《桃園大牛欄方言的語音變化與語言轉移》（臺北：國立臺灣大學出版

委員會，2004）。

54 黃菊芳、蔡素娟、鄭錦全，〈台灣雲林縣崙背鄉客家話分布微觀〉，收於鄭錦全編，《語言時空變異微觀》（臺北：中央研究院語言學研究所，2012），頁 95-123。

55 李幸真，〈日治初期臺灣警政的創建與警察的召訓（1898-1906）〉（臺北：臺灣大學歷史學研究所碩士論文，2009），頁 73-93。

56 「臺灣總督府警察官及司獄官練習所規則」，《臺灣總督府報》322（1898 年 7 月 6 日），頁 26-27。

57 《警察會話編》於一九〇四年開始使用，後由《臺灣語教科書》取代。我見過最早的《臺灣語教科書》為一九二二年發行。

58 根據下列資料計算：臺灣總督官房臨時臺灣戶口調查部編，《第二次臨時臺灣戶口調查集計原表（全島之部）》，頁 1160-1179。

59 臺灣省行政長官公署統計室編，《臺灣省五十一年來統計提要》（臺北：該室，1946），頁 90-91。

60 行政院戶口普查處編，〈戶口普查疑難問題解答彙編〉，《中國內政》12: 2（1956 年 8 月 15 日），頁 31。

61 林正慧，《臺灣客家的形塑歷程——清代至戰後的追索》，頁 379-381。

62 韋煙灶，〈彰化永靖及埔心地區閩客族群裔的空間分布特色之研究〉，頁 1-22。

63 陳中道生，《臺灣、馬來西亞三山國王廟全集》（臺中：長安光電科技，2024），頁 429。

64 轉引自：林正慧，《臺灣客家的形塑歷程——清代至戰後的追索》，頁 379。

2 | 從纏足率透視福佬與客家關係

雖同稱漢人，至如廣東種族，則由來纏足〔之〕弊不甚，故至其細別各不相同。即占本島住民大半之福建種族，則其纏足之惡習最深，按其女口總數之六八‧○％，概為纏足者也。如廣東種族之纏足，則係漢人種族內最少之率，不過一‧五％。[1]

上一章提到的一九○五年人口普查（臨時臺灣戶口調查）不僅數人頭，也把臺灣女人的腳數了一遍。調查報告（如上述引文）指出，纏足風俗具有明顯的人群差異：雖然都稱為漢人，福佬人（福建種族）有超過三分之二的女性纏足，客家人（廣東種族）則鮮少女性纏足。另一方面，調查數據顯示原住民（熟蕃、生蕃）也鮮少纏足（表 2-1）。

一九一五年四月起，官方透過保甲制度禁止新的纏足者產生，並鼓吹已纏足者解開纏腳布。[2] 同年十月一日（人口普查基準日），福佬女性的纏足率已由十年前的 68.0% 大幅下滑至 21.0%（表2-1）。不過，若將解纏足者與纏足者合併計算，仍有 56.8% 的福佬女性具纏足經歷。相較於只有 0.9% 的客家女性具纏足經歷，福、

客差異非常明顯。

　　本章主題發軔於對上述現象的好奇心。不過，我不直接討論為什麼福佬女性傾向纏足？客家女性傾向天然足？我把焦點放在兩群人的邊界：當纏足的人群接觸天然足的人群時，會發生什麼互動？鄰近客家人的福佬女性還是傾向纏足嗎？鄰近福佬人的客家女性還是傾向天然足嗎？透過觀察邊界，我們更能夠看到纏足風俗如何隨著社會情境的不同而產生變異，進而洞悉該風俗被人們擁護或拋棄

表2-1：纏足的人群差異

		纏足	解纏足	女性	纏足率	纏足經歷率
		A	B	C	A/C	(A+B)/C
1905	福佬	797,347	8,429	1,172,818	68.0%	68.7%
	客家	2,881	250	190,496	1.5%	1.6%
	熟蕃	127	10	23,724	0.5%	0.6%
	生蕃	1	0	18,535	0.0%	0.0%
1915	福佬	277,780	473,874	1,323,016	21.0%	56.8%
	客家	517	1,668	233,297	0.2%	0.9%
	熟蕃	38	106	24,247	0.2%	0.6%
	生蕃	0	0	23,575	0.0%	0.0%
1920	福佬	198,764	416,884	1,381,811	14.4%	44.6%
	客家	368	1,470	254,511	0.1%	0.7%
	熟蕃	32	96	24,705	0.1%	0.5%
	生蕃	0	0	23,754	0.0%	0.0%

注：原始資料稱福佬、客家為「福建人」、「廣東人」。
資料來源：臺灣總督官房臨時國勢調查部編，《第一回臺灣國勢調查結果表》（臺北：該部，1924），頁10-11、424、426。

的社會機制。為此,我們得掌握人群的分布與纏足的分布,並比較兩者之間的關係。

纏足的地理

關於人群分類與纏足,一九〇五年人口普查只發表二十個廳的數據;一九一五年人口普查則發表將近三千個街庄的數據。顯然,後者更能夠呈現人群與纏足的地理分布。不過,三千個街庄又過於細碎。為了方便觀察,我按照一九二〇年合併後的街庄範圍彙整一九一五年數據。合併後的街庄規模較為均勻,且多數沿襲至今(戰後稱為鄉鎮)。

一九一五年起,官方透過各地保甲組織推動解纏足,使纏足率不再能反映原先的纏足普遍程度。為了掌握公權力未干預的狀況,這裡採用的指標是具纏足經歷者(纏足 + 解纏足)占女性之比率,稱為「纏足經歷率」。

圖 2-1 描繪一九一五年福佬人占比的分布;圖 2-2 描繪同一時間纏足經歷率的分布。乍看之下,兩種分布型態相當一致:纏足盛行的地方都以福佬人為主。不過,仔細觀察邊界地帶,就會發現兩者的不同之處了。在桃園臺地東側、新竹沿海、臺中盆地東北側、屏東平原西側,人口結構都以福佬人為主(圖 2-1),但纏足風氣遠不如其他福佬地區盛行(圖 2-2)。這四個地區的共同點是:鄰近客家地區。

表 2-2 列舉二十個鄰近客家地區的福佬街庄,包括桃園臺地東

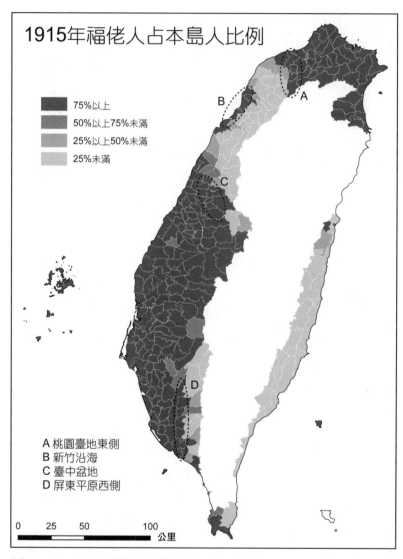

圖2-1：1915年福佬人占比分布

注：按1920年的街庄範圍統計；原始資料稱福佬人為「福建人」。
資料來源：臺灣總督官房臨時戶口調查部編，《第二次臨時臺灣戶口調查概覽表》。

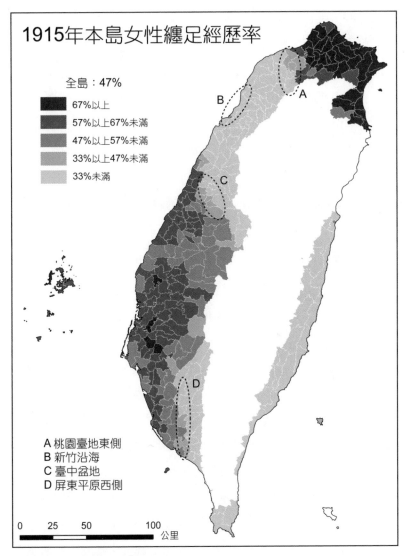

圖2-2：1915年纏足經歷率分布

注：按 1920 年的街庄範圍統計。

資料來源：臺灣總督府官房臨時戶口調查部編，《第二次臨時臺灣戶口調查概覽表》。

側的桃園、蘆竹、大園、八塊（今八德區）、大溪；新竹沿海的新
竹、舊港（大部分範圍於一九四一年劃入竹北庄）、香山、竹南、
後龍；臺中盆地東北側的大平（今太平區）、北屯、神岡、大雅、
潭子；屏東平原西側的旗山、屏東、里港、九塊（今九如鄉）、潮
州。這些街庄的福佬人都占八成以上，但纏足經歷率明顯偏低。以
神岡庄為例，福佬人占 83.2%。假如全臺灣各地福佬女性的纏足經
歷率都是 56.8%（表 2-1），則神岡庄的纏足經歷率至少應有 47.3%
（=83.2%×56.8%）。實際上，神岡庄的纏足經歷率只有 23.9%，反
映當地福佬女性的纏足經歷率遠低於全島水平。由此可見，鄰近客
家地區的福佬女性相較於其他福佬女性，較可能擺脫纏足命運。

淘汰的猜想

　　也許有人會說：福佬、客家之間經常發生衝突，因此鄰近客家
地區的福佬女性得避免纏足，才能在衝突中逃脫或抵抗。確實，清
代屏東平原的客家人曾多次與福佬人起衝突。[3] 不過，這個說法在
其他地方行不太通：新竹一帶似乎沒有關於閩客械鬥的紀錄。[4] 而
且，中臺灣的分類械鬥最常發生於泉州人、漳州人之間，而非福
佬、客家之間。[5] 從臺中、彰化到雲林地區，泉州人沿海岸分布，
漳州人沿山麓分布。直到現代，泉音靠海、漳音靠山的方言分布仍
然相當清晰。[6] 假如人群衝突會使女性避免纏足，那麼中臺灣應該
有一條南北向的天然足地帶，介於靠海的泉州人與靠山的漳州人之
間。事實上，圖 2-2 顯示這個現象沒有發生。

表2-2：1915年纏足經歷率偏低的福佬街庄

地區	街庄	福佬人占比	福佬人占比×56.8%	纏足經歷率
桃園	桃園街	98.7%	56.1%	38.2%
	蘆竹庄	95.8%	54.4%	36.3%
	大園庄	97.5%	55.4%	24.1%
	八塊庄	85.5%	48.5%	13.9%
	大溪街	93.1%	52.9%	13.8%
新竹	新竹街	92.2%	52.4%	28.2%
	舊港庄*	84.4%	48.0%	28.6%
	香山庄	88.1%	50.1%	20.3%
	竹南庄	97.0%	55.1%	28.8%
	後龍庄	83.2%	47.2%	16.3%
臺中	大平庄	83.6%	47.5%	29.9%
	北屯庄	88.6%	50.3%	27.8%
	神岡庄	83.2%	47.3%	23.9%
	大雅庄	96.3%	54.7%	24.4%
	潭子庄	88.1%	50.1%	17.2%
屏東	旗山街	84.8%	48.1%	19.3%
	屏東街	93.1%	52.9%	33.1%
	里港庄	95.9%	54.5%	19.2%
	九塊庄	96.9%	55.1%	9.7%
	潮州庄	84.1%	47.8%	20.3%

注：按一九二〇年的街庄範圍統計；原始資料稱福佬人為「福建人」。
* 大部分範圍於一九四一年劃入竹北庄。
資料來源：臺灣總督官房臨時戶口調查部編，《第二次臨時臺灣戶口調查概覽表》。

　　按照同樣的邏輯，鄰近山地原住民的福佬女性也得避免纏足，因為原住民經常出草獵取人頭，尤其北部的泰雅族特別凶悍。但我們可以看到緊鄰泰雅族的蘇澳、冬山、三星、新店、三峽等福佬街庄，纏足經歷率皆高於全島水平（圖 2-2 的東北部）。[7] 由此可見，人群衝突與天然足的關係相當薄弱。

　　另一種全然相反的猜想是：很多鄰近客家人的福佬人其實是客家後代（福佬客），雖因改講閩南語而被戶口調查分類為「福建人」，但是保有天然足風俗。桃園臺地東側確實存在許多福佬客家族，尤其集中於八德區（八塊庄）。[8] 根據一九一五年人口普查，八塊庄有 85.5% 人口歸類為「福建人」（表 2-2）；林雅婷調查當地世居宗族的族譜，則發現只有 15.4% 的祖籍位於閩語區。[9] 換言之，當地人的祖先大多來自客語區，但日治時代已被當成是福佬人。不過，並非鄰近客家的地區都有那麼多福佬客。新竹沿海的人口主要來自沒有客家聚落的泉州，當然不會是福佬客。南部的旗山街、屏東街也是泉州人天下。[10]

　　另一方面，福佬客不見得傾向天然足。在眾人公認的福佬客核心區：員林、埔心、永靖，[11] 纏足的普遍程度與典型福佬街庄不相上下（員林：60.2%、埔心：58.7%、永靖：59.8%）。近期的祖譜研究甚至指出，福佬客現象被誇大了。許多傳言中的福佬客本來就是福佬人，只不過祖先來自廣東。[12] 總而言之，並非鄰近客家的地區都有那麼多福佬客，且福佬客不見得傾向天然足。顯然，我們需要更合理的解釋。

語群融合

語群融合也許是一種可行的解釋。在福佬—客家邊界地帶，透過婚姻、收養或同居，福佬人與客家人共組家戶的可能性比其他地區高。一方面，天然足的福佬女性有機會進入不追求小腳的客家家戶。另一方面，能接受大腳客家媳婦的福佬家戶比較不會逼迫女兒纏足。於是，較高比率的福佬女性得以擺脫纏足。欲檢視這種說法的有效性，可觀察邊界地帶是否普遍存在跨語群家戶，以及跨語群家戶的福佬女性是否較少纏足。

我找到三組鄰近客家地區的福佬村落，並利用當地戶口調查簿進行這樣的觀察。這三組村落分別是：新竹州舊港庄的貓兒錠（今新竹縣竹北市大義、尚義、崇義等里），臺中州神岡庄的大社與社口（今臺中市神岡區岸裡、大社、社口、社南等里），高雄州九塊庄的後庄（今屏東縣九如鄉後庄、耆老、洽興等村）。為了比對一九一五年人口普查資料，這裡僅挑出同年十月一日（普查基準日）住在當地的人來觀察。

如表 2-3 所示，神岡庄大社、社口的跨語群家戶確實很普遍，在 1,072 名福佬女性中，480 人的家裡有客家人，占 44.8%。不過，另外兩地的跨語群家戶就很有限了。在舊港庄貓兒錠的 991 名福佬女性中，38 人的家裡有客家人，占 3.8%；九塊庄後庄的 638 名福佬女性中，33 人的家裡有客家人，占 5.2%。這麼低的占比不足以使當地整體纏足率都遠低於全臺灣。

在舊港庄貓兒錠，跨語群家戶的福佬女性有 28.9% 具纏足經

表2-3：1915年家戶組成與纏足的關係

	天然足	纏足	解纏足	總計	纏足經歷率
舊港庄貓兒錠					
福佬女					
戶中有客家人	27	9	2	38	28.9%
戶中無客家人	595	242	116	953	37.6%
客家女					
戶中有福佬人	14	0	0	14	0.0%
戶中無福佬人	65	0	0	65	0.0%
神岡庄大社、社口					
福佬女					
戶中有客家人	378	46	56	480	21.3%
戶中無客家人	470	54	68	592	20.6%
客家女					
戶中有福佬人	407	20	14	441	7.7%
戶中無福佬人	160	5	5	170	5.9%
九塊庄後庄					
福佬女					
戶中有客家人	28	2	3	33	15.2%
戶中無客家人	540	33	32	605	10.7%
客家女					
戶中有福佬人	15	0	0	15	0.0%
戶中無福佬人	0	0	0	0	-

注：1915年10月1日現住者；客家人原註記「廣」。
資料來源：中央研究院歷史人口研究計畫「戶口調查簿資料庫」

歷，確實低於純福佬家戶的 37.6%。不過，在神岡庄大社、社口，跨語群家戶的福佬女性有 21.3% 具纏足經歷，與純福佬家戶的 20.6% 差不多。在九塊庄後庄，跨語群家戶的福佬女性有 15.2% 具纏足經歷，甚至略高於純福佬家戶的 10.7%。如此看來，語群融合說無法解釋神岡庄與九塊庄的低纏足率。

值得注意的是，在這三個地方，即使是純福佬家戶的女性，纏足經歷率仍遠低於全臺灣福佬女性的 56.8%。換言之，鄰近客家地區的福佬女性即使未與客家人共組家戶，仍然較有機會擺脫纏足。顯然，有一個比語群融合更大的社會力量推動這個現象。

社會壓力

一九〇五年人口普查報告書記載了當時纏足的主要動機：

> 夫此惡習，深染人心，而不脫因如纏足至小者容易婚嫁。反之，其大者，世俗稱曰粗鄙不文，不但為人恥笑，其婚嫁頗難，況於全不纏者哉。於是為人父母者，爭使女兒小足，以期婚嫁速易。一達纏足之年，無論妍醜，均以纏足為榮譽矣。俗諺云：「好頭陰面，好腳陰身。」此言可謂能傳其間之消息焉。[13]

許多父母擔心女兒的腳太大會被恥笑、嫁不出去，於是競相為女兒綁上纏腳布。在婚嫁的考量下，纏足不只是家庭內部的事情，

更得視周圍人群的情況而定。當周邊纏足比率愈高時,父母愈有可能讓女兒投入這場「軍備競賽」,以免在婚姻市場中陷入劣勢。反之,若周邊存在大量不追求小腳的人群,競逐小腳的壓力就會大幅減輕。只要婚姻市場保有跨語群通婚的籌碼,鄰近客家人的福佬人就比較容易退出纏足的「軍備競賽」。而這些不參賽的福佬人又會進一步提高其周圍福佬女性擺脫纏足的機會。就像是石頭掉進水中產生的第一波漣漪,外溢產生一波接一波的漣漪,漸趨平緩。在纏足的人群與天然足的人群之間,纏足比率呈現漸層分布。

有論者以協調賽局(coordination game)來解析纏足現象。[14]在此種賽局中,一起約定不纏足是最佳情況;大家都纏足的情況糟一些;最糟情況是別人都綁了,自己卻沒綁,那只會淪為笑柄。參賽者若預期別人會綁,那麼最好自己也綁起來,以免落入最糟情況。別人也是這樣想,於是大家都裹小腳,一起承受痛苦。當纏足已經成為慣例時,參賽者不敢期待別人會違反慣例,因此自己也不敢違反慣例。這樣的分析簡潔漂亮,不過有個麻煩。如果參賽者都很理性,只會產生兩種均衡解:要嘛大家都不纏足,要嘛大家都纏足。但實際情況介於兩者之間,而且呈現漸層分布。

社會學者格蘭諾維特(Mark Granovetter)提出的門檻模型更能夠解析漸層分布的機制。[15]類似其他集體行動,父母是否為女兒纏足取決於周邊人群的纏足率是否高於他們心中的門檻。有些人接受門檻很低,例如不愁吃穿的富貴人家。有些人接受門檻較高,例如需要女人做事的農家。無論如何,周邊人群的纏足率愈高,他們愈可能跨越門檻而加入行動。一旦他們加入行動,又會提高其周邊

人群跨越門檻的可能性，產生正向回饋。即使客家人接受纏足的門檻很高，一旦受到大量纏足人群包圍，還是可能跨越門檻。表 2-3 顯示神岡的客家女性有 7% 具纏足經歷，就是這種情形。反過來說，當周邊存在大量不追求小腳的人群時，很多福佬人因而未跨過纏足門檻。後者又會使其周邊的更多福佬人跨不過纏足門檻，如同漣漪一樣外溢。

其實，早在一九〇五年人口普查完成之時，撰寫報告書的統計人員就從二十個廳的數據看出蛛絲馬跡：

> 占人口多數之種族……其風俗有所感化他族者甚多，其纏足亦然。……福建、廣東兩族之對峙則尤能傳此間消息。而於福建種族較多之地方，則其纏足女子之比例在高，固可勿論，其廣東種族之女子亦仍纏足居多。反之，至廣東種族較多之地方，則其纏足之成數，兩族俱低。[16]

值得注意的是，十九世紀末曾至汕頭傳教的菲爾德（Adele Marion Fielde, 1839-1916），也在廣東觀察到類似現象：

> 客家婦女不綁腳，她們過著充滿活力的生活，主要在戶外工作。這些人的良好風俗影響了居住在他們邊界的人，附近的鄉村婦女不再綁腳。……不過這種寬鬆態度不幸地只局限於靠近客家人的鄉村。在城市和大城鎮裡，除了奴隸和契約僕人外，所有的婦女都有殘疾的腳。[17]

　　社會學者已成功運用空間計量方法，分析一些受周邊人群影響的社會現象。例如，鄰域的自殺率愈高，本地發生自殺的機會也會增加。[18] 類似的現象還有：謀殺、[19] 教會參與、[20] 生育控制。[21] 另一方面，周邊人群的影響也可能是反向的。十九世紀末至二十世紀初，盛行於美國南方的私刑就是這種情況。當鄰域發生私刑後，本

空間延遲模型（spatial lag model）

當一個街庄的纏足經歷率受其周圍街庄影響時：

$$Y = \rho WY + X\beta + \varepsilon$$

其中，Y 為各街庄的纏足經歷率；空間加權矩陣 W 是一個 n×n 矩陣，用來界定兩兩街庄間的鄰近關係。W 與 Y 相乘，稱為空間延遲項（spatial lag term），代表鄰域的纏足經歷率。ρ 是空間延遲項的係數，稱為空間自迴歸係數（spatial autoregressive coefficient）。X 為各街庄的福佬人占比；β 是 X 的迴歸係數；ε 為殘差。若 ρ 顯著異於 0，表示在控制語群組成之後，鄰近街庄的纏足經歷率互相影響。

空間加權矩陣 W 通常根據地理鄰近關係界定。我將邊界接壤的兩個街庄界定為鄰近；邊界不接壤的兩個街庄界定為非鄰近。例如，神岡與潭子接壤，鄰近關係給定 1；神岡與北屯不接壤，鄰近關係給定 0。針對幾個離島，根據交通航線指派鄰域，包括：琉球庄的鄰域指定東港街；白沙庄的鄰域指定湖西庄與西嶼庄；西嶼庄的鄰域指定馬公街與白沙庄；望安庄的鄰域指定馬公街。扣除人口以原住民為主的東部後，共有263 個街庄單位，其地理鄰近關係矩陣可寫成 263×263 矩陣。將地理鄰近關係矩陣加以列標準化，即產生空間加權矩陣 W。例如，神岡與六個街庄接壤，其中之一為潭子，因此潭子對神岡的權重為六分之一。反過來看，潭子與四個街庄接壤，因此神岡對潭子的權重為四分之一。

空間延遲是從時間序列分析衍生出來的概念。在時間序列分析裡，前一期對後一期的影響稱為延遲效應。在空間分析裡，鄰近地區對本地區的影響則稱為空間延遲效應。不過，時間是一維的、單向的；空間則是二維的、多向的，因此空間延遲的估計更為複雜。

地發生私刑的機會反而降低。[22]

　　如同上述研究，我運用空間計量方法估計周邊人群對纏足的影響。原始資料仍為一九一五年人口普查數據，但排除人口以原住民為主的東部。[23] 表 2-4 列出兩個迴歸模型的估計結果：M1 不考慮周圍街庄的影響；M2 為空間延遲模型，納入周圍街庄的影響。

　　首先，M1 的 R 平方為 0.74，表示只用「福佬人占比」一個變數就能解釋纏足經歷率的 74% 變異量。「福佬人占比」的迴歸係數約為 0.65，表示福佬人占比每增加 1 個百分點，當地纏足經歷率增加 0.65 個百分點。我們不難發現這個模型會嚴重高估鄰近客家地區的纏足率。以神岡庄為例，當地福佬人占 83.2%；按照 M1 估計，纏足經歷率為 46.6%。[24] 實際上，神岡庄的纏足經歷率只有 23.9%（表 2-2）。

表2-4：纏足的迴歸分析

	纏足經歷率	
	M1	**M2**
福佬人占比	0.647**	0.210**
	(0.023)	(0.018)
鄰域效應（ρ）		0.771**
		(0.025)
常數項	-0.072**	-0.067**
	(0.021)	(0.009)
R^2	0.74	0.95
AIC	-332	-691
觀察數	263	263

注：使用 GeoDa，M1 以最小平方法估計，M2 以最大概似法估計。括弧內為標準誤；** 代表在 0.01 的水準下顯著。R^2 愈大、AIC 愈小，表示模型愈符合資料。

考慮周圍街庄的影響後，M2 更加符合資料（R 平方更大、AIC 更小）。「福佬人占比」的迴歸係數大幅下滑至 0.21，表示福佬人占比每增加 1 個百分點，當地纏足經歷率其實只增加 0.21 個百分點。由此可見，語群的影響力沒有原先以為的那麼大。更重要的是，鄰域效應的係數約為 0.77，表示鄰域的纏足經歷率每多 1 個百分點，可使當地纏足經歷率額外多 0.77 個百分點。這提醒我們，社會壓力對於纏足的貢獻甚至能超越語群因素。

反過來看，當鄰域的纏足經歷率減少 1 個百分點，可使當地纏足經歷率額外減少 0.77 個百分點。這個機制有效解釋了鄰近客家地區纏足風氣較弱的現象。

勞動條件

有一種傳統看法是：客家女性必須從事生產勞動，因而免於纏足。我們在圖 2-2 看到的現象是不是也能詮釋為：客家地區周邊的經濟條件類似客家地區，使當地福佬女性投入生產勞動而免於纏足？考慮這種可能性，表 2-5 的 M3 加入女性勞動參與率。[25] 分析結果顯示，女性勞動參與率的迴歸係數未顯著異於 0（未標記 *）。由此可見，女性勞動參與率與纏足的普遍程度沒有關聯。

也許，勞動參與沒有效應，不表示勞動的類型與強度沒有影響。一般而言，農家的勞動較為粗重，纏足的話有礙生產。都市則提供許多不依賴腳力的工作（尤其是手工業），與纏足沒有衝突。因此，許多報導指出都市的纏足風氣比農村更盛。[26] 一九〇五年人

口普查的報告書也提到這一點：

> 乃以商業及工業者占住民大半之市街，凡百多衒〔按：誇
> 耀〕華美，而纏足之風氣未免較盛。但如農民較眾之村落，
> 勢有相反之狀者是也。[27]

　　農業勞動方面，平均每人耕地面積愈大，對女性勞力的需求也愈大，可能使許多農家放棄纏足。再者，有些學者認為纏足者在水田中工作相當困難，因為小腳容易陷入泥淖。相較之下，纏足者在旱田中工作的障礙較小。[28] 按照這個說法，水田地帶的纏足率應該較低。第三，作物種類可能也有影響。以往臺灣最主要的經濟作物是茶與甘蔗。其中，摘取茶葉是女性的工作，依賴手工而非腳力，因此纏足者也可以參與。[29] 但種植甘蔗是粗重的工作，所需女性勞力比種植水稻更多，也許會抑制纏足。[30]

　　表 2-5 的 M4 一併考慮上述勞動條件。[31] 分析結果顯示，「女性勞動參與率」的係數變成顯著的負值（-0.086）。換言之，在其他條件相同的情況下，女性勞動參與率愈高，纏足經歷率愈低，符合傳統觀點。「耕地規模」的係數也是顯著的負值（-0.152），反映較高的勞力需求確實使部分農家放棄纏足。「茶產地」與「甘蔗產地」的係數都是顯著的正值（0.102、0.063）。前者並不讓人意外，纏足者也能摘取茶葉；後者的因果關係不太容易判斷，我不妄加揣測。另一方面，控制其他條件後，「非農就業占比」（都市化程度）、「水田率」都與纏足率無關（未標記＊）。邵式柏的分析同樣

指出這兩個因素與纏足率的關聯很薄弱。[32]

以 M4 預測各街庄的纏足經歷率,可發現鄰近客家地區的福佬街庄全部大幅高估,導致很大的負殘差(圖 2-3)。殘差等於實際值減預測值;當預測值高估時,就會有負殘差。由此可見,M4 還是無法解釋為何鄰近客家地區的福佬街庄擁有低纏足率。M5 考慮周圍街庄的影響,大致能解決這個問題。如圖 2-4 所示,M5 的殘差更接近 0,表示預測更為準確,尤其是在鄰近客家的地區。

考慮鄰域效應後,「女性勞動參與率」與「甘蔗產地」的係數都趨近於 0。「耕地規模」的係數縮小至 -0.056,表示耕地每增加 1 甲 / 農人,纏足經歷率減少 5.6 個百分點。考量當時耕地規模的平均數為 0.58 甲 / 農人,標準差只有 0.25 甲 / 農人,很難達到 1 甲 / 農人的差異。由此可見,耕地規模對纏足經歷率的影響幅度有限。另一方面,茶產地相較於完全不產茶的地區,纏足經歷率平均多 2.9 個百分點,差異也很小。

相較之下,鄰域效應的係數約為 0.75,影響幅度大多了。比較 M2 與 M5,鄰域效應的係數分別為 0.77 與 0.75,差異甚微。由此可見,考慮勞動條件絲毫不會動搖周邊社會壓力的效力。而且,唯有社會壓力說才能解釋鄰近客家地區的低纏足率。

另一場競賽:解纏足

本章主旨是透過纏足現象觀察福佬、客家之間的相互影響。後來的解纏足運動與福客關係不太相關,因為客家人原本就鮮少纏

表2-5：纏足的迴歸分析（考慮勞動條件）

| | 纏足經歷率 | | |
	M3	M4	M5
福佬人占比	0.642** (0.025)	0.646** (0.027)	0.225** (0.019)
女性勞動參與率	-0.021 (0.030)	-0.086* (0.039)	-0.016 (0.018)
非農就業占比		-0.039 (0.056)	0.013 (0.026)
耕地規模（甲／農人）		-0.152** (0.035)	-0.056** (0.017)
水田率		0.000 (0.035)	0.008 (0.016)
茶產地		0.102** (0.028)	0.029* (0.013)
甘蔗產地		0.063** (0.023)	0.010 (0.011)
鄰域效應（ρ）			0.753** (0.026)
常數項	-0.057 (0.030)	0.031 (0.053)	-0.044 (0.025)
R^2	0.75	0.77	0.95
AIC	-330	-351	-696
觀察數	263	263	263

注：使用 GeoDa，M3-M4 以最小平方法估計，M5 以最大概似法估計。括弧內為標準誤；* 代表在 0.05 的水準下顯著；** 代表在 0.01 的水準下顯著。R^2 愈大、AIC 愈小，表示模型愈符合資料。

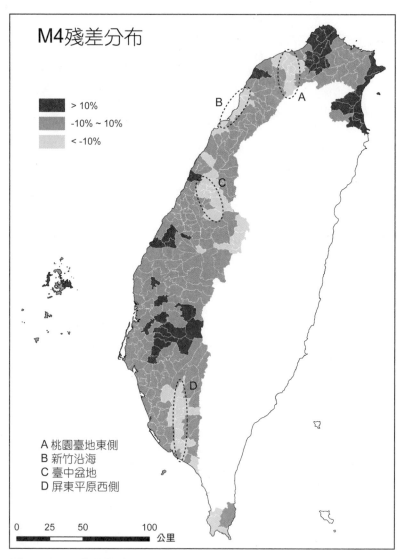

圖2-3：M4殘差分布

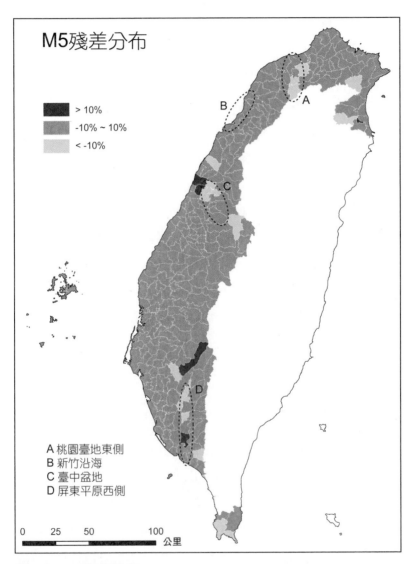

圖2-4：M5殘差分布

足，不需要解纏足。不過，既然本章已經完成纏足現象的社會分析，那麼再順帶分析一下「終結纏足」的社會機制，才算是有始有終。我們將會看到，對纏足現象產生重大影響的社會壓力，同樣在解纏足運動中發揮重大作用。

吸食鴉片、辮髮、纏足，是日人眼中的臺灣三大陋習。但一開始，官方對於移風易俗採取漸進政策，並未強制禁止，而是鼓吹民間上流階層以身作則、帶頭示範。[33] 一八九九年起，民間仕紳陸續發起放足運動，但成效明顯有限。根據一九〇五年人口普查，相較於八十萬的纏足人口，只有八千多人解開纏腳布（表 2-1）。然而十年之後，情勢逆轉，四十七萬餘人解開纏腳布，超越持續纏足的二十七萬餘人。這是如何辦到的呢？

經濟學者吳聰敏等人認為，糖業的蓬勃發展為解纏足提供了經濟誘因。[34] 從一九〇三年至一九一八年，臺灣的甘蔗收穫面積成長 9 倍。由於種植甘蔗需要更多女性勞力投入，促使大量女性解開纏腳布。

除了經濟誘因，我認為社會壓力也能解釋解纏足現象。一九一五年四月，臺灣總督府正式要求保甲規約加入推動解纏足的項目。從當時的報紙可看出，四月下旬開始，各地保甲興起一波競逐「解纏績效」的熱潮。正好當年六月十七日是日本統治臺灣二十週年紀念日，於是很多保甲將這一天設定為解纏的最後期限。[35] 這導致社會壓力的方向逆轉：原本是大腳遭人恥笑，此時轉變為持續纏足的女性得承受指責。尤其，當周邊有愈來愈多女性解纏足時，她們愈難以抗拒這股社會壓力。一旦她們解開纏腳布，又會進一步

提高其周邊女性解纏足的可能。於是，解纏足成為另一場競賽。

　　表 2-6 的迴歸分析依序檢視經濟誘因與社會壓力兩種解釋。這裡的依變數「解纏率」指一九一五年各街庄解纏足人數除以曾經纏足人數。M6 納入 M4 的所有解釋變數，並額外控制纏足經歷率。然而 R 平方只有 0.27，解釋力不太高。

　　M7 考慮周圍街庄的影響，R 平方加倍為 0.53，顯示其更加符合資料。保持顯著的勞動條件有兩個，其一為「非農就業占比」（都市化程度）愈高，愈抗拒解纏足（係數為負）。由此可見，向來較快接受新事物的市街，在纏足這項風俗上反而是最保守的地方。可能原因之一是：不用務農的市街女人往往纏得比較緊，導致腳部變形嚴重，更難解開纏腳布。反觀農家女人得在田園中走動，即使纏足也纏得比較鬆，解纏足的痛苦相對較低。另一個顯著的勞動條件是「甘蔗產地」，相較於不產甘蔗的地方，解纏率平均多了 7.5 個百分點。這樣的幅度不算特別大，但是符合經濟誘因的解釋。

　　影響力最大的仍然是周邊社會壓力。鄰域效應的係數約為 0.61，表示鄰域的解纏率每多 1 個百分點，可使當地解纏率額外多 0.61 個百分點。當地解纏率增加，又會提高其鄰域的解纏率。經由互相競逐的社會壓力，解纏足運動取得驚人成效。

結語

　　纏足有如「軍備競賽」，不只是家庭內部的事情，更得視周邊人群的情況而定。當周邊女性纏足的比率愈高時，父母愈有可能讓

表2-6：解纏足的迴歸分析

	解纏率	
	M6	**M7**
纏足經歷率	0.065 (0.112)	0.058 (0.089)
福佬人占比	0.022 (0.087)	-0.008 (0.069)
女性勞動參與率	-0.212** (0.070)	-0.084 (0.056)
非農就業占比	-0.287** (0.100)	-0.222** (0.080)
耕地規模（甲／農人）	0.028 (0.066)	-0.003 (0.052)
水田率	0.142* (0.063)	0.097 (0.050)
茶產地	-0.172** (0.052)	-0.071 (0.042)
甘蔗產地	0.183** (0.042)	0.075* (0.034)
鄰域效應（ρ）		0.612** (0.055)
常數項	0.592** (0.096)	0.234** (0.083)
R^2	0.27	0.53
AIC	-45	-130
觀察數	263	263

注：使用 GeoDa，M6 以最小平方法估計，M7 以最大概似法估計。括弧內為標準誤；* 代表在 0.05 的水準下顯著；** 代表在 0.01 的水準下顯著。R^2 愈大、AIC 愈小，表示模型愈符合資料。

女兒參與這場競賽，以免在婚姻市場中陷入劣勢。反之，若周邊存在大量不追求小腳的人群，競逐小腳的壓力就會大幅減輕。因此，纏足風俗會隨著人群互動的情況而產生地理變異。同樣是以福佬人為主的地區，具纏足經歷的女性可能超過七成（臺北地區），也可能不到三成、甚至不到二成（鄰近客家地區）。福佬人不是鐵板一塊，而是因地而異。

邵式柏指出，以往歷史學研究太強調福佬人與客家人的族群衝突；人類學研究過於專注族群內部，凸顯福佬人與客家人的社會、文化差異。至於這兩個族群之間的互相影響被嚴重忽略了。他呼籲，今後族群研究必須重視族群之間的社會互動與文化交流。[36] 本章以具體案例響應邵式柏的呼籲。我發現，就纏足這種風俗而言，福佬人與客家人之間互相影響，證據確鑿。

那麼，在福佬人與客家人相互鄰近之處，兩群人通婚的機率高嗎？兩個群體之間是否容易通婚，無疑是人群關係的重要線索。下一章將透過通婚的線索來觀察福客關係。

注釋

1 臺灣總督府總督官房統計課編，《明治三十八年臨時臺灣漢譯戶口調查記述報文》，頁 236。標點為本文作者所加，以下皆同。

2 臺灣總督府民政部編，《（大正四年分）臺灣總督府民政事務成績提要‧第二十一編》（臺北：該部，1917），頁 396-397。

3 林正慧，《六堆客家與清代屏東平原》（臺北：遠流，2008）。

4 許達然整理清代的 125 次械鬥，其中第 56 號歸為新竹的閩粵械鬥。不過，這是誤判。根據原出處的《淡水廳志》，該案發生於鳳山縣蠻蠻大莊，即今日屏東縣萬巒，並非新竹的鳳山溪。見：許達然，〈械鬥和清朝台灣社會〉，《台灣社會研究季刊》23（1996 年 7 月），頁 54；陳培桂，《淡水廳志》（臺北：臺灣銀行經濟研究室，臺灣文獻叢刊第 172 種，1963；1871 年原刊），頁 365。

5 林偉盛，《羅漢腳：清代臺灣社會與分類械鬥》（臺北：自立晚報社，1993），頁 60；許達然，〈械鬥和清朝台灣社會〉，頁 51-57。

6 洪惟仁，《臺灣語言地圖集》（臺北：前衛，2019），頁 52、104。

7 在這幾個街庄中，三星庄的比率稍低一些（52.6%），因為當地人口分別有 9.4% 與 8.6% 是不纏足的熟蕃與客家人。

8 韋煙灶，《韋煙灶臺灣史研究名家論集》（臺北：蘭臺，2016），頁 75-81。

9 林雅婷，〈桃園閩客交界地帶的族群空間分布特色與族群互動關係〉（臺北：臺灣師範大學地理學系碩士論文，2012），頁 41。

10 臺灣總督官房調查課編，《臺灣在籍漢民族鄉貫別調查》（臺北：臺灣時報發行所，1928）。

11 林衡道，〈員林附近的「福佬客」村落〉，《臺灣文獻》14:1 (1963)，頁 153-158；黃宣範，《語言、社會與族群意識：台灣語言社會學的研究》（臺北：文鶴，1993），頁 298-317；邱彥貴，〈彰化縣客家簡述〉，收於彰化縣文化局編，《彰化縣客家族群調查》（彰化：該局，2005），頁 6-14。

12 韋煙灶，〈彰化永靖及埔心地區閩客族群裔的空間分布特色之研究〉，頁 1-22。

13 臺灣總督府總督官房統計課編，《明治三十八年臨時臺灣漢譯戶口調查記述報文》，頁 232。

14 Gerry Mackie, "Ending Footbinding and Infibulation: A Convention Account," *American Sociological Review* 61:6 (Dec., 1996), pp.999-1017.

15 Mark Granovetter, "Threshold Models of Collective Behavior," *The American Journal of Sociology* 83:6 (May, 1978), pp. 1420-1443.

16 臺灣總督府總督官房統計課編，《明治三十八年臨時臺灣漢譯戶口調查記述報文》，頁 238。

17 Adele M. Fielde, *Pagoda shadows: studies from life in China* (3rd ed., Boston: W.G. Corthell, 1885), p. 45.

18 Robert D. Baller, Kelly K. Richardson, "Social Integration, Imitation, and the Geographic Patterning of Suicide," *American Sociological Review* 67:6 (Dec., 2022), pp. 873-888.

19 Robert D. Baller, Luc Anselin, Steven F. Messner, Glenn Deane, Darnell F. Hawkins, "Structural Covariates of U.S. Country Homicid Rates Incorporating Spatial Effects," *Criminology* 39:3 (Aug., 2001), pp. 561-590.

20 Kenneth C. Land, Glenn Deane, Judith R. Blau, "Religious Pluralism and Church Membership: A Spatial Diffusion Model," *American Sociological Review* 56:2 (Apr., 1991), pp. 237-249.

21 Stewart E. Tolnay, "The Spatial Diffusion of Fertility: A Cross-Sectional Analysis of Counties in the American South, 1940," *American Sociological Review* 60:2 (Apr., 1995), pp.299-308.

22 Stewart E. Tolnay, G. Deane, E.M. Beck, "Vicarious Violence: Spatial Effects on Southern Lynchings, 1890-1919," *The American Journal of Sociology* 102:3 (Nov., 1996), pp. 788-815.

23 根據一九一五年人口普查，臺東廳的漢人僅占當地臺灣人的 14.3%，花蓮港廳的漢人占當地臺灣人的 31.3%。見：臺灣總督官房臨時戶口調查部編，《第二次臨時臺灣戶口調查記述報文》（臺北：該部，1917），頁 16-17。

24 83.2%×0.647-0.072=46.6%

25 這個變數的分子為各街庄擁有本業（扣除收租者）之臺灣女性人口，分母為各街庄 15 歲以上之臺灣女性人口。

26 John Shepherd, *Footbinding as Fashion: Ethnicity, Labor, and Status in Traditional China* (Seattle: University of Washington Press, 2018), p. 128.

27 臺灣總督府總督官房統計課編，《明治三十八年臨時臺灣漢譯戶口調查記述報文》，頁 244。

28 John Shepherd, *Footbinding as Fashion*, p. 119.

29 John Shepherd, *Footbinding as Fashion*, pp. 121-122.

30 Nora Cheng, Elliott Fan, Tsong-Min Wu, "Sweet Unbinding: Sugarcane Cultivation and the Demise of Foot-binding," *Journal of Development Economics* 157 (2022), 102876.

31 「非農就業占比」為非農就業人口除以就業人口（限臺灣人），這是城鄉差異的關鍵指標。「耕地規模」為耕地面積（甲）除以農業就業人口；「水田率」為水田面積除以耕地面積。在街庄層次，缺乏茶與甘蔗種植面積的數據，只能以

「茶產地」與「甘蔗產地」代替。這兩個變數的分子是大街庄內生產該作物的小街庄數量，分母是組成大街庄的小街庄數量。例如，舊港庄包含 15 個小街庄，其中 2 個產甘蔗（貓兒錠、豆仔埔），因此「甘蔗產地」的值為 2/15。就業相關數據為一九一五年調查，取自：臺灣總督官房臨時戶口調查部編，《第二次臨時臺灣戶口調查概覽表》。耕地相關數據為一九一五至一九一七年調查，取自：臺灣總督府財務局編，《臺灣地租等則修正事業成績報告書・五冊／內三》（臺北：該局，1920）。

32 John Shepherd, *Footbinding as Fashion*, pp. 123-126; 129-131.

33 吳文星，〈日據時期臺灣的放足斷髮運動〉，收於瞿海源、章英華主編，《台灣社會與文化變遷》上冊（臺北：中央研究院民族學研究所，1986），頁 70-75。

34 吳聰敏，《台灣經濟四百年》（臺北：春山，2023），頁 242-247；Nora Cheng, Elliott Fan, Tsong-Min Wu, "Sweet Unbinding."

35 吳文星，〈日據時期臺灣的放足斷髮運動〉，頁 97-98。

36 John R. Shepherd, "Hakka-Hoklo Interaction: Exploring the Evidence," pp. 61-96.

3 | 從通婚率透視福佬與客家關係

> 閩居近海，粵宅山陬，各擁一隅，素少來往。而閩人以先來
> 之故，稱粵籍曰「客人」，粵人則呼閩籍曰「福老」，風俗不
> 同，語言又異。每有爭端，輒起械鬥。[1]

　　長久以來，關於福佬—客家關係的敘事常如上述引言，或強調
兩者隔離，或強調兩者對立。許多人類學者挑選典型的福佬庄與客
庄，比較兩者的社會、文化差異。[2] 這樣彷彿將兩者隔離於實驗室
的試管中觀察，避免互相滲透。另一方面，衝突事件容易留下紀
錄，進而成為日後歷史研究的素材。因此，歷史研究很容易凸顯福
佬、客家之間的競爭與衝突。[3] 這確實是福客關係中很重要的面
向，但應該不是全貌。邵式柏指出，福佬、客家之間的社會互動與
文化交流被學術界輕忽了。他呼籲今後的族群關係研究應該更重視
此一面向。[4] 本章動機，就是要從互動與交流的視角來觀看二十世
紀上半葉的福客關係。我們將會看到，福客關係因地而異，具有多
種可能，並不像刻板印象那樣總是隔離或對立。

　　兩個群體之間的社會距離，以通婚為最近。[5] 如同王甫昌所

言：「願意接受不同族群的人作為婚姻的伴侶，可以說是對該族群
展現了最大程度的社會接受，及最小的社會距離。」[6] 婚姻不只是兩
個人建立長期的親密關係，也使雙方家族產生姻親關係而連結起
來。跨群體通婚意味兩個家族的社會網絡互相穿透群體界線。由此
可知，福佬、客家之間的通婚機率是福客關係的重要指標。當雙方
劃界愈分明時，愈傾向找自己人結婚，也就是愈傾向群體內婚。反
之，若雙方無意以語言劃界，則婚配對象是否來自另一語群，純屬
隨機。如此，福客通婚的機率趨近於周遭另一語群的人口比例。例
如，在一個福佬占 40%、客家占 60% 的環境中，心中無界線的福
佬人有 60% 機率與客家人結婚。這個例子同時也說明，福客通婚
的前提是雙方必須有接觸機會。倘若人們遇不到另一群體，談何通
婚？因此，福佬與客家的邊界地帶特別值得我們注意。在這裡，雙
方遭遇的可能性較高，是否縮短彼此的社會距離？

　　奧爾波特（Gordon Allport）提醒我們，接觸雖有可能增進兩
個群體的相互理解，但也有可能強化彼此的偏見。接觸的後果，端
視接觸的性質而定。即使周遭環境分布另一群體，若雙方的遭遇僅
限於擦肩而過，沒有深入交往，此種脈絡接觸（context contact）或
偶然接觸（casual contact）反而常增強偏見。[7] 以美國為例，研究發
現住在黑人集中地區的白人，比起住在黑人稀少地區的白人，對少
數族群的態度更為負面。可能是地理上的鄰近，反而使白人感受到
威脅與競爭。[8] 一九九〇年代的臺灣也可見到類似情形。王甫昌發
現在福佬人之中，較容易接觸外省人者，族群分類意識反而較高；
原因是更強烈的政治競爭。[9] 真正能夠化解偏見的接觸，有賴雙方

形成實質熟識（true acquaintance）。由此可知，在福佬與客家的邊
界地帶，雙方既可能因接觸而縮短社會距離，也可能引發更直接的
利益衝突（如：爭奪有限的土地、水源）而壁壘分明。福客通婚的
機率趨近於隨機或遠低於隨機，正好反映雙方的實質互動情形偏向
何種情況。

　　關於福佬或客家的群體外婚比率，既有研究多仰賴全國抽樣調
查。[10] 此種樣本的案例散布於各地，無法鎖定福佬─客家邊界地帶
進行觀察。另一方面，這些調查所掌握的結婚事件主要發生於二十
世紀後半葉。這段期間臺灣經歷快速都市化，[11] 大量年輕人離鄉前
往都市就業，因而遭逢另一語群。換言之，這些調查掌握的福客通
婚多半發生於都市環境中，難以反映原鄉的福客關係。

　　本章採取相當不同的途徑：鎖定四個位處福佬─客家邊界的地
區，分析當地於一九〇五年至一九四五年使用的戶口調查簿。此種
檔案完整記錄四十年間所有發生於當地的結婚事件，資料本身即母
體。研究區涵蓋四種不同的人文區位，包括：鄰近福佬庄的客庄
（六家）；鄰近客庄的福佬庄（貓兒錠）；兩群混居但客家較多的地
區（通霄）；兩群混居但福佬較多的地區（神岡）。本章透過比較
四地人口結構與福客通婚機率的關係，揭開快速都市化之前，因地
而異的福客關係。

鉅觀層次的比較

方法的考量

　　所謂福客通婚率，或以家戶為單位，或以個人為單位。前者計算百分之多少的家戶內有福客通婚成員，後者計算百分之多少的已婚者屬於福客通婚。然而，家戶或個人隨時變動，有些人消失、有些人加入，因此這兩種方式都只能呈現特定時間點的「切片」。第三種方式則以結婚事件為單位，計算這些事件當中有百分之多少為福客通婚。這種算法才能真正反映整個時間段裡發生福客通婚的機率。

　　在戶口調查簿中，結婚事件分為因結婚而進入家戶的「婚姻入戶」，以及因結婚而離開家戶的「婚姻除戶」。倘若某人因婚姻除戶而離開研究區，其配偶的資訊是看不見的，也就無從判斷這個事件是否為福客通婚。因此，本章僅分析婚姻入戶事件。

　　一個婚姻入戶事件包含兩方：進入家戶的一方（嫁娶婚的女方、招贅婚的男方）可稱為「入戶方」；接受新人進入家戶的一方（嫁娶婚的男方、招贅婚的女方）可稱為「接受方」。接受方必然居住於研究區內，而入戶方經常來自研究區以外。因此，我從接受方為福佬或客家的角度觀察婚姻入戶事件。當接受方為福佬（福）、入戶方為客家（廣），或接受方為客家（廣）、入戶方為福佬（福），即為「福客通婚」。福客通婚事件占婚姻入戶事件的比率，稱為「福客通婚率」。

　　林淑鈴曾利用屏東六堆地區的「本籍戶口調查簿」計算戶主的

「內婚率」，屬於以個人為單位。[12]「本籍戶口調查簿」於一九四六年十月的戶籍總登記之後停止使用，因此訊息凍結於那個時間點。若只看「本籍戶口調查簿」，只看得到當時仍生存於當地的家戶情形，無法完整涵蓋四十年間發生於當地的結婚事件。另一個麻煩是，許多人的資料最後是登記在沒有種族欄的新簿上（詳見第一章），因此種族別不詳。其實，這些人若於一九三五年八月一日以前曾居住於研究區內，仍可從「除戶簿」中找到種族訊息。

我的分析將「本籍戶口調查簿」與「除戶簿」串連使用，可以完整涵蓋一九○五年至一九四五年的戶口動態。雖然一九三五年八月一日以後出生的人沒有種族註記，但直到一九四六年尚未達到結婚年齡，對於分析通婚而言沒有影響。

研究區的選擇

探討跨群體通婚，首先得考慮人口結構。布勞（Peter Blau）的結構理論指出，群體的人口規模與地理分布決定人們與其他群體互動的機會；相對規模愈小的群體，與其他群體互動的機會愈大，因而愈可能採取外婚。[13]不過，整體上居於少數的群體若聚集於特定地區，也能在聚集地成為局部多數而降低外婚比率。例如，研究發現新竹、苗栗、臺中、屏東這幾個客家人相對集中的縣，客家人與福佬人結婚的比率低於其他地區。[14]同樣的道理，在原住民人口占比較高的原住民鄉，原漢通婚比率遠低於都會區。[15]

為了比較不同人口結構下福客通婚率的差異，我尋找四種人文區位，包括：鄰近福佬庄的客庄、鄰近客庄的福佬庄、兩群混居但

客家較多的地區、兩群混居但福佬較多的地區。如此，無論福佬或客家皆涵蓋壓倒性多數、相對多數以及少數等情況。中央研究院歷史人口研究計畫蒐集的戶口檔案中，六家、貓兒錠、通霄、神岡分別符合上述四種人口結構。

六家研究區位於現今新竹縣竹北市東側，包含六張犁（含番仔寮）、芒頭埔（含麻園）、隘口、三崁店（含水坑口）、東海窟等五庄。一九二〇年，六張犁改名六家；上述五庄成為「六家庄」的五個大字（基層行政單位）。另一方面，貓兒錠（含山腳、後面、拔仔窟）位於現今新竹縣竹北市西側，一九二〇年起成為「舊港庄」的一個大字。一九四一年，六家庄與舊港庄位於頭前溪以北的區域合組「竹北庄」，於是兩個研究區都納入竹北庄轄內。

圖 3-1 展現六家、貓兒錠及其周邊地區，福佬、客家、熟蕃（平埔族）占本島人的比例。[16] 顯而易見，客家在六家地區、福佬在貓兒錠分別占有壓倒性多數。莊英章曾以六家代表客家社會、貓兒錠代表福佬社會，做過詳盡的比較研究。[17] 雖然如此，六家研究區仍有 4.3% 人口為福佬；貓兒錠仍有 7.5% 人口為客家。此外，六家研究區西側緊鄰福佬優勢區；貓兒錠東方也有大量客家人分布。若以六家研究區的聚落為圓心，半徑十公里以內的福佬、客家人口約為四比六。若以貓兒錠的聚落為圓心，半徑十公里以內的福佬、客家人口約為七比三（表 3-1）。後面將進一步展示，結婚雙方家庭的距離大約就是以十公里為上限。

通霄研究區位於現今苗栗縣通霄鎮，包含五里牌（含番仔寮、隘口寮、羊寮）、梅樹腳、南勢、北勢、番社、北勢窩等六庄，

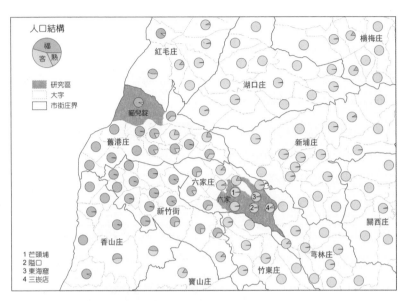

圖3-1：六家與貓兒錠研究區周邊人口結構

注：原始資料稱福佬、客家為「福建人」、「廣東人」。
資料來源：根據《第二次臨時臺灣戶口調查概覽表》計算

表3-1：研究區及其周邊人口結構（1915）

研究區	研究區內			距離十公里內		
	福佬	客家	熟蕃	福佬	客家	熟蕃
貓兒錠	92.5%	7.5%	0.0%	67.4%	32.6%	0.0%
神岡	58.8%	36.4%	4.8%	72.2%	27.6%	0.2%
通霄	20.7%	77.4%	1.9%	39.6%	59.9%	0.5%
六家	4.3%	95.7%	0.0%	39.2%	60.8%	0.0%

資料來源：根據《第二次臨時臺灣戶口調查概覽表》計算

一九二〇年起成為「通霄庄」的六個大字。圖 3-2 展現本研究區除
了北勢窩,都是客家居多、福佬也有一定比例的混合結構。此外,
番社與五里牌尚存數十名「吞霄社」原住民(熟蕃)。本研究區合
計客家占 77.4%、福佬占 20.7%、熟蕃占 1.9%。其東側緊鄰客家優
勢區;南側的苑裡沿海與北側的白沙屯為福佬優勢區。若以本研究
區的聚落為圓心,半徑十公里以內的福佬、客家人口約為四比六,
近似六家研究區(表 3-1)。

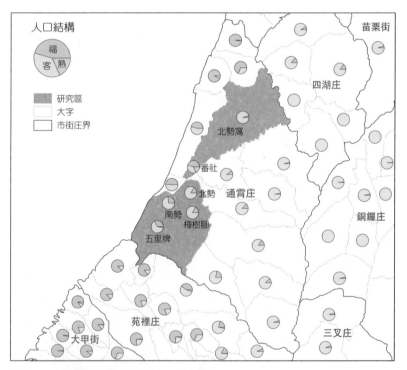

圖3-2:通霄研究區周邊人口結構

資料來源:根據《第二次臨時臺灣戶口調查概覽表》計算

　　神岡研究區位於現今臺中市神岡區，包含大社、社口兩庄，
一九二〇年起成為「神岡庄」的兩個大字。大社本為「岸裡大社」
所在地。十九世紀起，岸裡大社的原住民逐漸外移，由漢人入替。[18]
到了二十世紀初，大社僅餘一百多名原住民（熟蕃）。本研究區合
計福佬占 58.8%、客家占 36.4%、熟蕃占 4.8%。圖 3-3 顯示，本研
究區的西面、南面由福佬優勢區包圍，但東方的豐原、石岡一帶也
有不少客家人分布。若以本研究區的聚落為圓心，半徑十公里以內
的福佬、客家人口約為七比三，近似貓兒錠（表 3-1）。

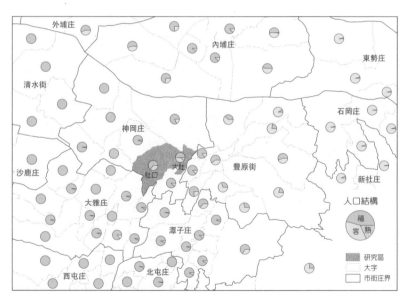

圖3-3：神岡研究區周邊人口結構

資料來源：根據《第二次臨時臺灣戶口調查概覽表》計算

通婚率與人口結構的關聯

　　從一九〇五到一九四五年，接受方為福佬或客家，且入戶方有族別訊息的婚姻入戶事件數，統計於表3-2。顯而易見，六家客家與貓兒錠福佬很少接受福客通婚。四十年間，六家研究區的客家人累計發生 1,028 次婚姻入戶事件，其中只有 26 次的對象為福佬人，占 2.5%。貓兒錠的福佬人累計發生 896 次婚姻入戶事件，其中只有 36 次的對象為客家人，占 4.0%。相對而言，人口居於絕對少數的六家福佬與貓兒錠客家，比較容易接受福客通婚，其比率分別為 81.4% 與 27.0%。

　　請注意，這裡所說的六家福佬與貓兒錠客家指的是原本就住在

表3-2：1905-1945年婚姻入戶事件統計

接受方	入戶方				事件數	福客通婚率
	福佬	客家	熟蕃	其他		
貓兒錠福	859	36	0	1	896	4.0%
貓兒錠客	17	46	0	0	63	27.0%
神岡福	612	236	7	0	855	27.6%
神岡客	327	192	0	1	520	62.9%
通霄福	150	226	6	0	382	59.2%
通霄客	269	935	17	1	1,222	22.0%
六家福	8	35	0	0	43	81.4%
六家客	26	1,000	0	2	1,028	2.5%

注：客家原註記「廣」；其他包含生蕃、中國人、日本人。灰底數字為福客通婚。
資料來源：根據戶口調查簿計算

當地的接受方，不包括隨著福客通婚而來的入戶方。後面這種情況，是福客通婚引進少數群體。亦即福客通婚為因，少數群體是果。本文是從接受方為少數群體的角度來看，因此確實是少數群體比較可能接受跨語群通婚。同樣的道理，我們可以看到在客家多於福佬的通霄研究區，福佬人比客家人更常接受福客通婚（59.2% > 22.0%）。反之，在福佬多於客家的神岡研究區，客家人比福佬人更常接受福客通婚（62.9% > 27.6%）。

　　圖 3-4 按照結婚年度，每五年劃分一個時段，觀察各地福客通婚率的變化趨勢。六家福佬與貓兒錠客家因結婚事件太少，不適合細切，故不納入比較。除了通霄福佬的通婚率在最後五年有較大增

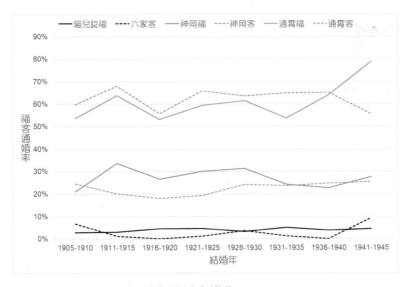

圖3-4：1905-1945年福客通婚率變化

資料來源：根據戶口調查簿計算

幅，其他組別基本上是微幅波動，沒有增加趨勢。如此看來，從
一九〇五到一九四五年，結婚年對於這四個地區的福客通婚並不是
個重要因素。

　　前文已指出，六家客家與貓兒錠福佬的周邊不乏另一語群，但
他們選擇婚配對象時明顯避開。為了更仔細觀察他們到何處選擇婚
配對象，圖 3-5 將入戶方的來源地與接受方所在地（即婚後居住

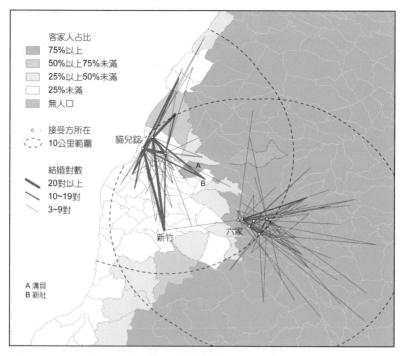

圖3-5：六家與貓兒錠研究區的婚姻網絡

注：原始資料稱客家人為「廣東人」。
資料來源：結婚對數根據戶口調查簿計算；客家人占比根據《第二次臨時臺灣戶口調查概
　　　　覽表》計算。

地）加以連線。愈粗的線條，表示兩地之間發生愈多結婚事件。為了避免畫面凌亂，此圖只繪出四十年間累積三對以上的線條。圖上也顯示以接受方為圓心的十公里範圍。我們可以發現，最長的線條正好逼近十公里。換言之，當時人們可接受的入戶方來源地大約以距離十公里為上限。[19] 因此，方圓十公里可視為人們尋找婚配對象的潛在範圍。

但實際上，六家與貓兒錠的人們顯然不是隨機在方圓十公里內尋找婚配對象。六家研究區的結婚事件除了個位數是從新竹市區迎娶媳婦，幾乎完全避開其西側的福佬優勢區。貓兒錠的婚姻網絡也明顯避開其東側的客家優勢區。特別顯眼的是，貓兒錠有許多人跳過比較近的客庄溝貝（圖 3-5 的 A 點），到比較遙遠的福佬庄新社締結連理（圖 3-5 的 B 點）。總而言之，六家與貓兒錠的婚姻網絡壁壘分明。這明顯不是因為地理距離的隔閡，只能歸因於社會距離的疏遠。

如果人們選擇婚配對象毫不在乎語群，則福客通婚純屬隨機事件，其機率應趨近於周遭另一語群的人口比例。例如，在一個福佬占 40%、客家占 60% 的環境中，不考慮語群的福佬人有 60% 機率與客家人配對；不考慮語群的客家人有 40% 機率與福佬人配對。透過比較實際通婚率與隨機配對通婚率的差距，可一窺福佬與客家之間的社會距離。圖 3-6 橫軸為方圓十公里內另一語群的人口比例，亦即隨機配對之福客通婚率。前文已經指出，方圓十公里可視為人們尋找婚配對象的潛在範圍。圖 3-6 縱軸為實際的福客通婚率。當資料點落在對角線上時，表示實際通婚率與隨機配對狀態一

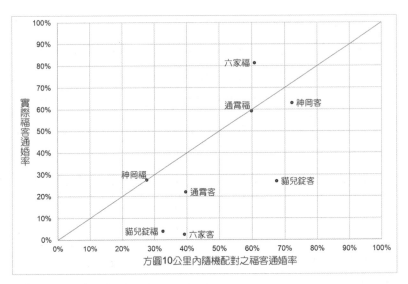

圖3-6：實際通婚率與隨機配對通婚率的比較

資料來源：綜合表 3-1、表 3-2

致，反映人們毫不在乎語群。若資料點落在對角線以下，表示實際通婚率低於隨機配對狀態，反映人們偏好找自己人結婚；差距愈大，則內婚傾向愈強烈。若資料點落在對角線以上，表示實際通婚率高於隨機配對狀態，亦即人們刻意找另一語群聯姻。

　　首先引人注目的是，通霄福佬與神岡福佬不多不少正好落在對角線上，反映他們選擇婚配對象時不太考慮語群。另一方面，通霄客家與神岡客家的點位比對角線低了一些，顯示有些許內婚傾向，但不算非常強烈。如此看來，在通霄研究區與神岡研究區，福佬、客家似乎只是母語的分別，人們不太會以此劃清界線。相較之下，六家客家、貓兒錠福佬就真的是界線分明，內婚傾向非常強烈。

　　六家福佬與貓兒錠客家同樣在他們的村庄裡居於絕對少數，但婚配選擇大異其趣。貓兒錠的客家人仍努力到外尋找同語群婚配對象，其福客通婚率比隨機配對狀態少了 40 個百分點。六家研究區的福佬人卻反其道而行，刻意找客家人聯姻。圖 3-6 唯一位於對角線上方的資料點就是六家福佬，其福客通婚率高達八成，比隨機配對狀態多出 20 個百分點。李科旻調查世居宗族的族譜，發現六家地區的福佬宗族多來自廣東，與同樣來自廣東的客家人群聚而居，但與沿海的泉州裔福佬人壁壘分明。如今，這些廣東福佬後裔的自我認同都是客家。[20] 李科旻的發現與本研究可說是若合符節。對於六家研究區的福佬宗族而言，同樣來自廣東的客家人比起語言相近的閩南福佬人更親近。即使二十世紀初的戶口調查尚能辨識他們的福佬身分而註記「福」，[21] 但他們顯然更樂於與客家人融合。

　　由此可見，雖然人口結構可部分解釋福客通婚的機率，但福客通婚率無法單純化約為人口結構。六家研究區與通霄研究區周遭的福佬、客家人口都是四比六，卻發展出相當不同的通婚率。貓兒錠與神岡研究區周遭的福佬、客家人口同樣是七比三，但兩地通婚情形也是大相逕庭。福客關係因地而異，不可一概而論。有些地方可能像傳統敘事強調的那樣，福佬與客家界線分明，例如竹北的東西兩側。有些地方的人們則不太在乎福佬與客家的區別，無意以語言劃界，例如通霄地區與神岡地區。對於六家地區的廣東福佬而言，祖籍比語言重要，亦即廣東客家比閩南福佬更親近。但是文獻又指出，對於南臺灣的廣東福佬而言，「語言聲氣相通」比較重要，因此他們選擇與閩南福佬同夥。[22] 總而言之，以任何一地的福客關係

來宣稱全臺灣的福客關係，注定是以偏概全。每個地方的福客關係，都鑲嵌於當地特有的歷史脈絡中。

微觀層次的分析

教育

除了鉅觀的群體人口規模與地理分布以外，家庭或個人的某些條件也影響跨語群通婚的可能。當代婚姻研究中，最常提及的個人因素大概是教育程度。高教育成就者容易進入族群隔離程度較低的工作場合，進而增加跨族群通婚機會。[23] 在臺灣，謝雨生與陳怡蒨也證實教育程度愈高者愈可能跨族群通婚。[24] 王甫昌進一步區分福佬—客家、福佬—外省、客家—外省三種跨族群通婚，發現較高的教育程度促進福佬—外省、客家—外省通婚，但對於福佬—客家通婚沒有影響。[25] 巫麗雪與蔡瑞明則指出，關鍵因素是認識配偶的場合。一般而言，教育程度愈高者，愈容易在學校或工作場合認識配偶。而在學校或工作場合認識的配偶，比較可能是不同族群。[26]

不過，對於絕大多數二十世紀上半葉的臺灣人而言，能獲得的教育頂多是自家附近的公學校。以本章觀察的四個地區為例，分別有六家公學校、貓兒錠公學校（後改稱扶桑公學校）、通霄公學校、岸裡公學校。到自家附近的公學校讀書，接觸的同學是原本就有機會遭遇的人。通常得進入中等以上學校，才會接觸大量原本遭遇不到的人，或是在畢業後更有機會與不同群體共事。然而，一九四○年代以前獲得中等以上教育的臺灣人鳳毛麟角。以日臺共學制

開始實施的一九二二年而言，全島只有 337 個臺灣男生進入中學校，349 個臺灣女生進入高等女學校（相當於女子中學）。[27] 到了一九三〇年與一九三五年，進入中學校的臺灣男生分別只增加到446 人與 617 人；進入高等女學校的臺灣女生緩慢增加到 449 人與481 人。[28] 本章觀察的四地人口合計不到全島 0.4%，大概只有屈指可數的人受過中等以上教育，還可能因此而離開研究區。如此看來，經由較高教育而結識不同語群配偶的案例應當很少。

代間影響

　　另一個經常被討論的家庭因素是代間影響：若親代跨族群通婚，子代也更可能跨族群通婚。[29] 這個現象在臺灣也多次得到證實。[30] 前文曾提到，比起脈絡接觸或偶然接觸，實質熟識較能夠消弭群體之間的成見。就此而言，父母來自不同群體可說是最深刻的實質熟識。其子女比其他人更有機會理解另一個群體的社會文化，進而產生文化親近感。[31] 從社會網絡的原理來看，這些人可經由母方親族的人脈而結識來自母方群體的配偶。甚至，母方群體與父方群體對他們而言可能同是自己人。由於戶口制度下的族別繼承生父，跨語群通婚者的子女若與母族的人結婚，帳面上是跨語群通婚。但對某些人來說，這或許只是另一種群體內婚：母族的內婚。戶口調查簿當然不會記載當事人的內心想法。不過，即使只是帳面上的福客通婚，仍然意味福佬、客家的界線模糊，難以劃清。

　　以下觀察父母同語群與父母不同語群的差別。由於入戶方經常來自研究區以外，有高達 78.5% 的入戶方無法判別其父母是否同語

群，我們只能觀察接受方的父母。不過，接受方的父母也並非都是
兩人俱存。常見的狀況是，父親早在一九〇五年十月一日以前就去
世了，這樣就無法直接判別父母是否同語群。為了擴大可辨識的案
例數，我透過比較親子族別，間接判別雙親是否同語群。只要接受
方與父母任一人不同族，就可以判斷其雙親不同語群。若接受方與
父母兩人皆同族，則其雙親必然同語群。若接受方與父母之一同
族、另一人不詳，則無法確定。如此，有 65.4% 的接受方可判別其
父母是否同語群。

　　如表 3-3 所示，四地合計有 52.1% 的接受方父母同語群、
13.3% 的接受方父母不同語群。分開觀察，具有強烈內婚傾向的六

表3-3：接受方父母是否同語群的比較

接受方	事件數	占比（%）			福客通婚率（%）		
		父母同	父母異	不確定	父母同	父母異	不確定
貓兒錠福	896	64.6	0.3	35.0	4.1	0.0	3.8
貓兒錠客	63	54.0	9.5	36.5	17.6	66.7	30.4
神岡福	855	42.9	12.5	44.6	28.6	29.0	26.2
神岡客	520	31.5	40.2	28.3	59.8	68.9	57.8
通霄福	382	31.9	35.6	32.5	57.4	64.0	55.6
通霄客	1,222	57.9	14.6	27.4	20.1	33.5	20.0
六家福	43	18.6	39.5	41.9	75.0	88.2	77.8
六家客	1,028	60.9	1.0	38.1	2.7	10.0	2.0
合計	**5,009**	**52.1**	**13.3**	**34.6**	**17.9**	**51.3**	**20.9**

資料來源：根據戶口調查簿計算

家客家與貓兒錠福佬，其父母大多也是同語群，分別只有 1.0% 與 0.3% 不同語群。反之，喜愛與客家人聯姻的六家福佬當中，四成左右原本就有個客家母親。在人口結構中居於少數的通霄福佬與神岡客家，也較常出身於通婚家庭，分別占有 35.6%、40.2%。

再者，父母同語群的接受方當中，合計 17.9% 為福客通婚。父母不同語群的接受方當中，大約一半與父族的人結婚、一半與母族的人結婚，後者在帳面上就會歸為福客通婚。分開觀察，除了貓兒錠福佬與神岡福佬以外，通婚家庭下一代的福客通婚率都明顯較高。例外的貓兒錠福佬僅有三例父母不同語群，統計意義不大。

婚姻形式

對於二十世紀上半葉的臺灣而言，婚姻形式相當多元，不僅童養媳婚、招贅婚相當常見，納妾也是合法的。武雅士稱明媒正娶為「大婚」，童養媳婚為「小婚」。大婚與小婚都是從夫居，關鍵差別在於女方何時住進夫家，成為夫家的一員。大婚在婚禮當天完成「跨出生家門」、「跨入夫家門」、「拜祖先」三個階段，正式成為夫妻。小婚則在第二階段與第三階段之間相隔多年。女方年幼時便跨入夫家門，與夫家一同生活，稱為「媳婦仔」。等到男女雙方發育成熟後，才進行第三階段，從「媳婦仔」變成「媳婦」。[32]

許多臺灣農村的民族誌皆指出，大婚相當注重藉由兒女聯姻來拓展人際網絡，以獲得政治、社會、經濟等方面的支援。[33] 在這樣的考量下，大婚相當偏好與不同地方的家族聯姻。而且，最好每個兒女都與不同地方的人聯姻，盡量不要重複，才能極大化人脈圈。

尤其對於農家而言，每逢插秧、收割等農忙期，需要大量人力幫忙。倘若親戚集中於同一處，農忙期重疊，就無法互相幫忙。親家分散各地的好處是農忙期錯開，今天你來幫我，明天我去幫你。

　　大婚有利於村際聯合，然而其家庭內部的婆媳關係相當緊張。從訂婚儀式開始，婆媳就開始過招。媳婦不讓婆婆輕易把戒指套進指節，象徵不受支配。結婚以後，婆媳衝突簡直是家中的例行公事。婆婆整天抱怨媳婦「不會做事情」、「又懶又笨」、「不懂價錢」。媳婦則在枕邊抱怨婆婆「實在囉唆」、「有夠凍霜（吝嗇）」給丈夫聽。根本原因是婆婆對於兒子與另一個女人親密、與自己疏遠而感到惱火：「她想把我的兒子從我身邊偷走！」許多婆婆藉故修理媳婦以發洩怨恨。媳婦的反制之道則是鼓吹丈夫分家。[34] 瑪格麗・沃爾夫（Margery Wolf）認為，許多母親為了保護自己的地位，透過收養兒子未來的妻子來驅逐「枕邊妖精」。[35] 因為「自己養的女孩子會聽你的話，而且永遠不會在你背後搬弄是非給你的兒子聽」，「自己哺育的女孩子就像是自己的女兒一樣」。[36] 武雅士發現，童養媳在地主與佃農之中同樣普遍。因此小婚不完全是為了節省大婚所需的聘金，更多人的理由是為了維持家庭內婆媳關係的和諧。[37]

　　雖然小婚有益於婆媳關係和諧，但也付出不少代價。首先，夫妻之間尷尬、缺乏情趣，容易產生性嫌惡（sexual aversion）。相較於其他婚姻形式，小婚的生育率最低、離婚率最高，甚至最容易發生婚外情。[38] 另一方面，由於童養媳從小離開原生家庭，與原生家庭的感情淡薄。有些童養媳甚至從不回生家：「因為他們拋棄我，

若我回去會被認為是來要錢或其他東西」。[39] 這導致姻親關係薄弱，甚至消失。武雅士指出，小婚的姻親關係取決於兩家原本的關係。如果雙方原本就是朋友或鄰居，或能填補完整的姻親關係。但若收養陌生人的女兒，就容易淪為貨幣交易而缺乏姻親關係。[40] 由此推論，大婚注重藉由聯姻拓展人際網絡，因此比小婚更可能嘗試福客通婚。小婚則較常與同語群的熟人結親，以避免姻親關係不足。

招贅婚的主要考量是「傳宗接代」與「勞動力」。[41] 對女方而言，可能是家裡無男性子嗣，因此招入男子以得後繼。或可能是弟弟年幼，若姊姊嫁出將缺乏勞動力；採取招贅婚則能增添勞動力。對男方而言，可能是家境不佳難以成親，或雙親俱亡、無依無掛，透過招贅婚獲得資源而得以成家立業。妾婚的主要考量則是元配不育或少育，藉由納妾以生育更多子女。據統計，日治時期竹北、北埔、峨眉三地的一夫一妻家庭平均生育七個子女左右，但妾婚家庭的元配平均只生育四個子女左右，大約少了三個。更耐人尋味的是，最容易納妾的男性，其元配來自童養媳。[42] 前面提過小婚的夫妻之間容易產生性嫌惡，因而離婚或發生婚外情。如此看來，小婚的丈夫也容易藉由納妾來滿足性愛需求。

表 3-4 比較各種婚姻形式的占比與福客通婚率。我們可以發現，位置最北邊的六家與貓兒錠最盛行小婚，約占結婚事件的二至三成。其中，客家人又比福佬人盛行小婚。位置最南邊的神岡，小婚占比也最低，約為一成。招贅婚的差別主要出現在族別之間，各地客家人皆比福佬人少採取招贅婚。另外，各地妾婚皆不多，占結

表3-4：婚姻形式的比較

接受方	事件數	占比（%）				福客通婚率（%）			
		大婚	小婚	招贅	妾婚	大婚	小婚	招贅	妾婚
貓兒錠福	896	62.2	24.1	12.2	1.6	4.1	2.8	5.5	7.1
貓兒錠客	63	58.7	38.1	3.2	0.0	37.8	12.5	0.0	-
神岡福	855	73.1	10.9	13.9	2.1	29.9	18.3	24.4	16.7
神岡客	520	75.8	10.2	11.2	2.9	64.0	56.6	67.2	40.0
通霄福	382	68.1	8.9	20.2	2.9	60.0	52.9	59.7	54.5
通霄客	1,222	68.1	16.8	12.7	2.5	23.7	14.6	24.5	13.3
六家福	43	53.5	16.3	27.9	2.3	82.6	85.7	75.0	100.0
六家客	1,028	58.6	29.4	9.6	2.4	2.7	1.7	5.1	0.0
合計	**5,009**	**66.5**	**18.6**	**12.6**	**2.3**	**25.9**	**12.3**	**27.3**	**18.4**

資料來源：根據戶口調查簿計算

婚事件不到 3%。

　　整體而言，大婚的福客通婚率果然遠高於小婚（25.9%：12.3%）。在所有婚姻形式當中，小婚最不容易採取福客通婚；招贅婚則與大婚相仿。至於妾婚，不僅數量少，各地變異太大，不宜多做討論。進一步觀察，除了六家福佬以外，小婚的通婚率皆低於大婚。與眾不同的六家福佬不僅樂於迎娶客家媳婦，同樣樂於收養客家媳婦仔。他們與客家人群聚而居，大概屬於同一個圈子，不用擔心收養客家女孩會缺乏姻親關係。此外，對於通霄福佬與神岡客家而言，雖然小婚的通婚率低於大婚，仍然超過一半。前面提過他們有滿高的機會出身於通婚家庭（表3-3），若是透過母方親族的人

表3-5：女方是否纏足的比較

女方	事件數	占比（%）		福客通婚率（%）	
		未纏足	曾纏足	未纏足	曾纏足
貓兒錠福	882	92.0	8.0	2.8	0.0
貓兒錠客	76	98.7	1.3	38.7	100.0
神岡福	929	93.2	6.8	34.6	27.0
神岡客	438	97.3	2.7	56.1	58.3
通霄福	429	99.1	0.9	64.5	75.0
通霄客	1,158	100.0	0.0	18.8	-
六家福	38	100.0	0.0	78.9	-
六家客	1,031	100.0	0.0	3.0	-
福合計	2,278	93.9	6.1	29.3	14.5
客合計	2,703	99.5	0.5	19.2	61.5

資料來源：根據戶口調查簿計算

脈收養媳婦仔，即使帳面上是跨語群，也不太會有缺乏姻親關係的問題。

纏足

　　探討二十世紀初的福客通婚，尚不能忽略纏足偏好的作用。如第二章所述，過去纏足風氣盛行於福佬社群內，但客家人不好此道。我們不難推測，曾經纏足的福佬女性相較於未纏足的福佬女性，更難被崇尚天然足的客家社群接受。反之，纏足的客家女性極可能與喜愛小腳的福佬人結婚。

　　表 3-5 區分結婚事件中的女方為福佬或客家，並比較其纏足的

比率與影響。首先映入眼簾的是，在這四個地區，福佬女性纏足的比率也不高。一方面，一九一五年起就不准再有女性加入纏足行列。這裡的數據涵蓋一九〇五至一九四五年的結婚事件，後期的女方都沒有纏足。另一方面，如第二章所述，福佬─客家邊界地帶的纏足風氣也比較弱。值得一提的是，親近客家的六家福佬女性都沒有纏足。反之，在福佬占優勢的貓兒錠與神岡，有一些客家女性纏足。

如同推測，纏足對福佬女性與客家女性的影響正好相反。整體而言，曾經纏足的福佬女性較不容易與客家人通婚（14.5%：29.3%）；曾經纏足的客家女性較容易與福佬人通婚（61.5%：19.2%）。甚至，客家女性一旦纏足，超過六成會（只能）選擇福佬丈夫。

綜合分析

迴歸分析可同時考慮前面討論的所有因素：地方脈絡、結婚年、父母是否同語群、婚姻形式、纏足。由於結果分為兩種狀態：此事件是福客通婚、此事件非福客通婚，[43] 適用二元邏輯迴歸（binary logistic regression）。表 3-6 包含三組二元邏輯迴歸模型的估計結果，M1 只考慮鉅觀層次的地方脈絡與結婚年，M2 加入微觀層次的父母族別、婚姻形式，M3 再加入女方是否纏足。

首先，地方脈絡按地區與接受方的族別分為八組，代表人口結構與福客關係的總效應。除了六家客家以外，其他組別的結婚事件都比貓兒錠福佬（對照組）更容易是福客通婚（係數顯著為正）。

表3-6：迴歸分析：是否為福客通婚

	M1	M2	M3
地方脈絡（對照：貓兒錠福）			
貓兒錠客	2.199** (0.331)	2.225** (0.334)	2.525** (0.342)
神岡福	2.238** (0.187)	2.125** (0.188)	2.222** (0.189)
神岡客	3.728** (0.193)	3.519** (0.198)	3.709** (0.203)
通霄福	3.563** (0.200)	3.363** (0.204)	3.587** (0.210)
通霄客	1.931** (0.184)	1.833** (0.185)	2.201** (0.198)
六家福	4.700** (0.428)	4.523** (0.432)	4.797** (0.438)
六家客	-0.457 (0.262)	-0.436 (0.262)	0.019 (0.276)
結婚年	0.009* (0.004)	0.007 (0.004)	0.006 (0.004)
接受方父母（對照：同語群）			
不同語群		0.426** (0.107)	0.438** (0.108)
不確定		-0.019 (0.097)	-0.013 (0.098)
婚姻形式（對照：大婚）			
小婚		-0.521** (0.123)	-0.527** (0.123)
招贅婚		0.037 (0.116)	-0.002 (0.117)
妾婚		-0.624* (0.277)	-0.540 (0.282)
女方是否纏足（對照：福佬未纏足）			
福佬曾纏足			-0.627* (0.287)
客家未纏足			-0.523** (0.092)
客家曾纏足			0.368 (0.643)
常數項	-20.26** (7.40)	-16.87* (8.01)	-13.96 (8.18)
Nagelkerke R^2	0.344	0.354	0.363
觀察數	5009	5009	4981

注：括弧內為標準誤。* p<0.05, ** p<0.01

值得注意的是，各地少數群體（貓兒錠客家、神岡客家、通霄福佬、六家福佬）的係數都遠大於同一地的多數群體，反映少數群體比多數群體更可能採取福客通婚。比較 M1 至 M3，地方脈絡的係數不會隨著加入更多微觀因素而明顯改變，顯示地方脈絡無法被家庭與個人因素解釋掉。相較之下，結婚年的影響非常微弱，一旦考慮微觀因素就沒有統計意義了。

二元邏輯迴歸

當結果分為「是」或「否」兩種狀態時，適用下列迴歸式：

$$\ln\left(\frac{p}{1-p}\right) = \beta_0 + \beta_1 x_1 + \beta_2 x_2 + \dots + \beta_k x_k$$

在此，p 為「福客通婚的機率」，1-p 為「非福客通婚的機率」；前者除以後者，稱為「勝算」（odds）。等號左邊是勝算的自然對數，右邊則是各解釋變項（x_1、x_2、…、x_k）分別乘以自己的迴歸係數（β_1、β_2、…、β_k）。表 3-6 所列數字即為各解釋變項之迴歸係數，經由自然指數轉換，可還原為勝算之比較。例如，M1 中「貓兒錠客」的係數 2.199，意味其發生福客通婚事件的勝算，是對照組「貓兒錠福」的 $e^{2.199} = 9$ 倍。其中，e 稱為自然數，約為 2.718。

M2 顯示，在地方脈絡、結婚年、婚姻形式相同的條件下，接受方父母不同語群相較於同語群，福客通婚的勝算增加 53%（$= e^{0.426} - 1$）。這再次驗證一個廣為人知的道理：若親代跨族群通婚，子代也更可能跨族群通婚。當然，這是站在父系的立場而言。另一方面，當地方脈絡、結婚年、接受方父母族別等條件相同，小婚相較於大婚，福客通婚的勝算減少 41%（$= 1 - e^{-0.521}$）。由此可見，即使控制其他因素，小婚依然最傾向採取群體內婚。至於招贅婚與

大婚則無顯著差異。

　　M3 加入女方纏足經歷的同時，剔除妻子非福佬或客家的 28 筆事件，[44] 以便比較纏足對福佬女性與客家女性的不同影響。估計結果如下：福佬女性若曾纏足，此事件為福客通婚的勝算大減 47%（=1-e^{-0.627}）。另一方面，大腳客家女性配對福佬男性，比大腳福佬女性配對客家男性還要困難。前者勝算比後者少了 41%（=1-e^{-0.523}），反映福佬社群對於大腳的輕蔑態度。至於纏足的客家女性非常稀有，本研究總共只發現 13 例，統計意義有限。[45] 因此，證據確鑿的結論是：纏足阻礙福佬女性與客家人通婚。

結論

　　福客關係因地而異，並不像刻板印象那樣總是隔離或對立。本章透過觀察四個福佬—客家邊界地區的結婚事件，已經足以證明這點。有些地方，像是竹北東部的客家與西部的福佬之間，確實界線分明，互不通婚。有些地方，像是通霄地區與神岡地區，福客通婚率接近隨機配對狀態，反映人們擇偶時不太在乎福佬與客家的區別。上述地區差異無法化約為人口結構，也無法被微觀的家庭與個人因素解釋掉。在某些情況下，語群劃分甚至不是有意義的人群分類原則。六家地區有少許來自廣東的福佬後裔，不僅與客家群聚而居，並且積極與客家人聯姻。對他們來說，同樣來自廣東的客家人才是自己人；來自閩南的福佬人雖然語言相似，卻保持距離。然而，廣東福佬到了南臺灣，情況就完全反過來，傾向與「語言聲氣

相通」的閩南福佬同夥。[46]

　　這些發現充分呼應王甫昌的主張：在一九八〇年代的族群運動之前，人群分類意識相當地方化，不同地區的差異相當大。[47] 何以如此？顯然是各地具有獨自的歷史發展過程所致。我們需要研究地方史，才能深入理解各地獨特的福客關係或人群分類意識如何形成。在這樣的視野下，地方史研究可獲得重大意義，免於「無關大局」或「枝微末節」的詬病。

　　日治時代，日本人樂於傳達一套論述：他們的統治使福佬、客家化敵為友，和睦相處。例如，由新竹州知事提交給臺灣總督的《新竹州管內概況及事務概要》，從一九二八年版到一九三七年版，年年出現相同的敘述：「由於廣東、福建兩種族的民風習俗性質相異，領臺前兩族鬥爭激烈。近年來伴隨文化進展，各種交涉日益頻繁，以往的反目嫉視不再，婚姻逐漸相互融合……」。[48] 這段敘述對於新竹州管內的貓兒錠與六家地區而言，未免誇大其詞。從一九〇五到一九四五的四十年間，當地福客通婚率看不出增加趨勢（圖3-4）。同樣在新竹州管內的通霄地區，則是原本就很常見福客通婚。

　　當代學者經常從另一個角度分析殖民統治的影響。如王甫昌指出：「日本殖民者的出現，使得臺灣社會中原有的社會分歧群體，因為面對新的共同敵人，而有團結凝聚的誘因。」[49] 或如林正慧所言：「日本殖民政府對內地人（日本人）與本島人（台灣人）採差別待遇，讓同為『本島人』的福、客差異感相對微小，也或多或少地促成福客的互動與融合。」[50] 不過，以竹北的情況而言，即使東部

客家與西部福佬之間的社會距離有所拉近，顯然沒有進展到更容易通婚的層次。

　　竹北如此鮮明的分類意識，可能使當地客語獲得較好的保持。日治時代，客家人在今日竹北市境內約占有四成人口。即使近年大量外來人口稀釋客家人口占比，但二〇一〇年人口普查顯示竹北市依然有 30.8% 的人口在家裡說客語。[51] 相較之下，福客界線模糊的通霄地區與神岡地區，客語流失情形相當嚴重。神岡地區的客家人原本就是少數，今日當然是幾乎聽不到客語。但通霄地區的客家人於日治時代可是居於多數，今日卻也明顯福佬化。根據二〇一〇年人口普查，神岡區與通霄鎮分別只有 0.9% 與 4.8% 的人口在家裡說客語。即使通霄鎮仍剩餘一些講客語的人，語言學者洪惟仁指出他們所說的客語已出現「閩南語化」特徵。[52]

　　本章一方面彰顯不同地區的福客關係具有重大差異，另一方面也指出某些家庭或個人因素在不同地區有共同的效應。除了再次驗證通婚家庭的下一代也更容易福客通婚，還有新發現：小婚最傾向群體內婚，可能是為了避免姻親關係不足。再者，曾經纏足的福佬女性相較於未纏足的福佬女性，更難被崇尚天然足的客家社群接受。

注釋

1　連雅堂,《臺灣通史》中冊(臺北:臺灣通史社,1920),頁636。

2　如:莊英章,《家族與婚姻:台灣北部兩個閩客村落之研究》(臺北:中央研究院民族學研究所,1994);Burton Pasternak, *Kinship and Community in Two Chinese Villages* (Stanford: Stanford University Press, 1972); Arthur Wolf and Ying-Chang Chuang, "Fertility and Women's Labour: Two Negative (but Instructive) Findings," *Population Studies* 48 (Nov., 1994), pp. 427-433.

3　如:李文良,《清代南臺灣的移墾與「客家」社會》;林正慧,《六堆客家與清代屏東平原》;林正慧,《臺灣客家的形塑歷程——清代至戰後的追索》。

4　John Shepherd, "Hakka-Hoklo Interaction: Exploring the Evidence," pp. 61-96.

5　Bogardus 的社會距離量表由遠而近依序為:將對方驅逐出境、接受對方為訪客、接受對方取得公民權、接受對方從事相同職業、接受對方當鄰居、接受對方為好友、通婚。見:Emory Bogardus, *Social Distance* (Yellow Springs, OH: Antioch Press, 1959)。

6　王甫昌,〈光復後台灣漢人族群通婚的原因與形式初探〉,《中央研究院民族學研究所集刊》76(1994年4月),頁46。

7　Gordon Allport, *The Nature of Prejudice* (Cambridge, MA: Addison-Wesley,1954).

8　Robert Stein, Stephanie S. Post, and Rinden Allison, "Reconciling Context and Contact Effects on Racial Attitudes," *Political Research Quarterly* 53:2 (Jun., 2000), pp. 285-303.

9　王甫昌,〈族群接觸機會?還是族群競爭?本省閩南人族群意識內涵與地區差異模式之解釋〉,《台灣社會學》4(2002年12月),頁11-78。

10　王甫昌,〈光復後台灣漢人族群通婚的原因與形式初探〉;王甫昌,〈台灣族群通婚與族群關係再探〉,收於劉兆佳等編,《社會轉型與文化變貌:華人社會的比較》(香港:香港中文大學香港亞太研究所,2001),頁393-430;巫麗雪、蔡瑞明,〈跨越族群的藩籬:從機會供給觀點分析臺灣的族群通婚〉,《人口學刊》32(2006年6月),頁1-41;謝雨生、陳怡蒨,〈跨族群婚之代間影響與變遷〉,《臺灣社會學刊》42(2009年6月),頁1-53。

11　黃樹仁,〈臺灣都市化程度析疑〉,《臺灣社會學刊》27(2002年6月),頁163-205。

12　林淑鈴,《六堆客家及其周邊社會與文化變遷:族群互動論的觀點》(高雄:麗文文化,2017)。她的計算有非常多疑點。首先,文字敘述與表格數字總是不一致。例如,頁60提到內埔有515戶的戶主為廣,但頁61表格只出現457戶。每個地點都有類似情況,恕不詳舉。再者,她算出許多超過100%的「內婚

率」（頁 184-188），並不合理。

13　Peter Blau, *Inequality and Heterogeneity* (New York: Free Press, 1977), pp.20-26; Peter Blau, Terry Blum, and Joseph Schwartz, "Heterogeneity and Intermarriage," *American Sociological Review* 47:1 (Feb., 1982), pp.45-62.

14　王甫昌,〈光復後台灣漢人族群通婚的原因與形式初探〉。

15　劉千嘉,〈臺灣都市原住民的族群通婚：社會界線的世代差異〉,《人口學刊》42（2011 年 6 月）,頁 115-153；劉千嘉、章英華,〈台灣原住民的族群婚配類型：世代效果、代間傳承與族群差異〉,《調查研究—方法與應用》39（2018 年 4月）,頁 77-121。

16　日治時代共有五次人口普查（1915、1920、1925、1930、1935）做過此種統計。這段期間四個研究區及其周邊的人口結構未出現明顯變化。本章僅呈現最早的一九一五年普查數據。

17　莊英章,《家族與婚姻：台灣北部兩個閩客村落之研究》; Arthur Wolf and Ying-Chang Chuang, "Fertility and Women's Labour."

18　洪麗完,〈大社聚落的形成與變遷（1715-1945）：兼論外來文化對岸裡大社的影響〉,《臺灣史研究》3:1（1996 年 6 月）,頁 31-96。

19　葛伯納（Bernard Gallin）在彰化縣埔鹽鄉記錄的民族誌指出,親戚關係的好壞由住處的遠近決定。最理想是住在自行車隨時可來往的範圍內,這樣隨時都能互相幫忙。但是住太近也不好,尤其同住一村容易發生惡感。這個原則似乎也適用於其他漢人農村。見：Bernard Gallin, *Hsin Hsing, Taiwan : A Chinese Village in Change* (Berkeley: University of California Press, 1966), p.176.

20　李科旻,《清代新竹鳳山溪流域：各音系社群分布與「閩人濱海,客家近山」之形成》（竹北：新竹縣文化局,2016）,頁 172。

21　這再次證明當時戶口調查中的「種族」註記不等於祖籍,否則來自廣東的福佬後裔應該註記為「廣」才對。

22　林正慧,《臺灣客家的形塑歷程——清代至戰後的追索》,頁 201-210。

23　Matthijs Kalmijn, "Shifting Boundaries: Trends in Religious and Educational Homogamy," *American Sociological Review* 56:6 (Dec., 1991), pp.786-800; Zhenchao Qian, "Breaking the Racial Barriers: Variations in Interracial Marriage Between 1980 and 1990," *Demography* 34:2 (May, 1997), pp. 263-276.

24　謝雨生、陳怡蒨,〈跨族群婚之代間影響與變遷〉。

25　王甫昌,〈光復後台灣漢人族群通婚的原因與形式初探〉。

26　巫麗雪、蔡瑞明,〈跨越族群的藩籬〉。

27　臺灣總督官房調查課,《臺灣總督府第二十六統計書》（臺北：該課,1924）,頁 84。

28 臺灣總督官房調查課，《臺灣總督府第三十九統計書》（臺北：該課，1937），頁 117-119。

29 Richard Alba and Golden Reid, "Patterns of Ethnic Marriage in the United States," *Social Forces* 65:1 (Sep., 1986), pp.202-223.

30 王甫昌，〈光復後台灣漢人族群通婚的原因與形式初探〉；劉千嘉，〈臺灣都市原住民的族群通婚〉；劉千嘉、章英華，〈台灣原住民的族群婚配類型：世代效果、代間傳承與族群差異〉；謝雨生、陳怡蒨，〈跨族群婚之代間影響與變遷〉。

31 不過，若家庭權力完全傾向父親，那麼母親的群體依然可能飽受歧視。當代有些臺灣男人娶東南亞女人的家庭可以看到這種情況。

32 Arthur Wolf and Chieh-shan Huang, *Marriage and Adoption in China, 1845-1945* (Stanford: Stanford University Press, 1980).

33 Bernard Gallin, *Hsin Hsing, Taiwan : A Chinese Village in Change*, pp.175-177; Burton Pasternak, Guests in the Dragon: Social Demography of a Chinese District, 1895-1946 (New York: Columbia University Press, 1983), p.161; 程瑩，《滿倉：1980 年一個臺灣農村的掠影》（臺北：中央研究院民族學研究所，2018），頁 137-139。

34 Arthur Wolf and Chieh-shan Huang, *Marriage and Adoption in China*, pp.84-87.

35 Margery Wolf, *Women and Family in Rural Taiwan* (Stanford: Stanford University Press, 1972).

36 莊英章、武雅士，〈台灣北部閩、客婦女地位與生育率：一個理論假設的建構〉，收於莊英章、潘英海編，《臺灣與福建社會文化研究論文集》（臺北：中央研究院民族學研究所），頁 103。

37 Arthur Wolf and Chieh-shan Huang, *Marriage and Adoption in China*; Margery Wolf, *Women and Family in Rural Taiwan*.

38 Arthur Wolf and Chieh-shan Huang, *Marriage and Adoption in China*；莊英章，《家族與婚姻：台灣北部兩個閩客村落之研究》。

39 Arthur Wolf and Chieh-shan Huang, *Marriage and Adoption in China*, p.92.

40 Arthur Wolf and Chieh-shan Huang, *Marriage and Adoption in China*, p.93.

41 Arthur Wolf and Chieh-shan Huang, *Marriage and Adoption in China*；莊英章、張孟珠、楊文山，〈日治時期新竹地區招贅現象的歷史人口學分析〉，《新史學》24:3（2013 年 9 月），頁 1-51。

42 張孟珠、楊文山、莊英章，〈日治時期新竹地區妾婚現象的歷史人口學分析〉，《人文及社會科學集刊》23:2（2011 年 6 月），頁 243-284。

43 非福客通婚的事件大多為內婚，但也包含少許入戶方是熟番、生番、中國人或日本人的事件。本研究站在接受方為福佬或客家的立場來觀察，並未限定入戶方一定是福佬或客家。

44　包含妻為熟蕃 23 筆、妻為生蕃 2 筆、妻為日本人 2 筆、妻為中國人 1 筆。

45　額外的檢定顯示，客家女性曾纏足與未纏足之間的差異也不顯著。

46　林正慧，《臺灣客家的形塑歷程——清代至戰後的追索》，頁 201-210。

47　王甫昌，〈由文化、地域到族群：再論當代臺灣客家族群意識的現代性〉，收於莊英章、黃宣衛編，《客家移民與在地發展》（臺北：中央研究院民族學研究所，2018），頁 234-300；王甫昌，〈群體範圍、社會範圍、與理想關係：論台灣族群分類概念內涵的轉變〉。

48　新竹州，《昭和三年新竹管內概況及事務概要》（新竹，1929），頁 1-2。

49　王甫昌，〈由文化、地域到族群〉，頁 254。

50　林正慧，〈日治台灣的福客關係〉，《民族學界》39（2017 年 4 月），頁 60。

51　包含客語、華語並用，以及客語、閩南語、華語並用。二〇一〇年人口普查資料由主計總處提供。

52　洪惟仁，《臺灣語言的分類與分區：理論與方法》，頁 282。

4 ｜ 漢人與平埔通婚之謎

> 一位婦人見我輪廓深邃，問我是哪裡人，得知我是吉貝耍
> 人，她笑著說：「原來是番仔囝！」[1]

> 村中的人對於別人稱我們為「番仔」相當反感，認為外面的
> 人都是亂講的，甚至忌諱「番」這個歧視性字眼，所以只要
> 福佬話中有「番」字的物品名稱，在吉貝耍都有與眾不同的
> 說法。[2]

　　吉貝耍位於臺南市東山區，是一個以西拉雅族蕭壠社後裔為主
的村落。從段洪坤的自白來看，在他小時候的一九七〇年代，附近
居民還很清楚吉貝耍人是「平埔番」，[3] 甚至以此嘲笑他們。與此構
成強烈對比的是，吉貝耍人拒絕承認自己是「番」，甚至拒絕使用
任何涉及「番」的字眼。一九九一至一九九二年，人類學者鮑梅立
（Melissa Brown）來到吉貝耍、隆田（舊名番仔田，位於官田區）、
頭社（位於大內區）等三個西拉雅村落（位置見圖 4-1）做田野調
查時，當地人仍然矢口否認自己是「平埔番」。直到她無意間詢
問：「你的母親或祖母有沒有纏足？」當地人突然脫口而出：「阮番
仔無縛跤！」（我們番仔沒有綁腳）。於是，鮑梅立改以迂迴的方式
詢問父母與祖父母的事情。老年人大多可以說出**過去**當地有平埔原

住民的**歷史**，但是只要談到自己就顧左右而言他，甚至直接說自己是福佬。[4]

這樣的情況，到了一九九〇年代以後起了驚天動地的變化。隨著臺灣人認同崛起，「平埔族」的標籤突然從汙名變成「臺灣人有別於中國人」的證明。「有唐山公，無唐山媽」的說法風行一時，即使這句話在清代與日本時代的文獻中都找不到記載。[5] 許多人開始主張自己擁有平埔族血統。主要說詞是：清代實施海禁，不准漢人女性來臺，因此來臺的漢人男性只能跟平埔族女性通婚、生育下一代。結論是：多數臺灣人不是純種漢人，而是漢人與平埔族混血的後代。[6] 更極端的一派甚至主張多數臺灣人是漢化的平埔族，連混血都沒有。主要說詞是：清軍攻取臺灣後就把漢人都趕回大陸，接著實施海禁，因此沒幾個漢人來到臺灣。[7] 不過，這種極端的說法連血液專家林媽利也無法背書。

近年來，林媽利不斷透過媒體宣稱 85% 以上的臺灣人擁有原住民基因。不過，她的數據也無法否認臺灣人與福建、廣東人群在基因上的相似性。於是她稱呼福建、廣東人群為「越族」，藉以撇清臺灣人與漢人的關係。如此，多數臺灣人是「越族」與平埔族混血的後代。[8] 即使林媽利的說法受到體質人類學家陳叔倬質疑，[9] 但獲得許多臺獨基本教義派人士歡迎。如李筱峰興奮地為林媽利的書《我們流著不同的血液》寫了推薦序：「國共兩黨以後還要罵我這個台獨份子是『漢奸』的話，我可以更理直氣壯回答：我不是漢人，我哪有資格當漢奸！」[10]

關於混血比例的問題，留給生物醫學與體質人類學的專家去爭

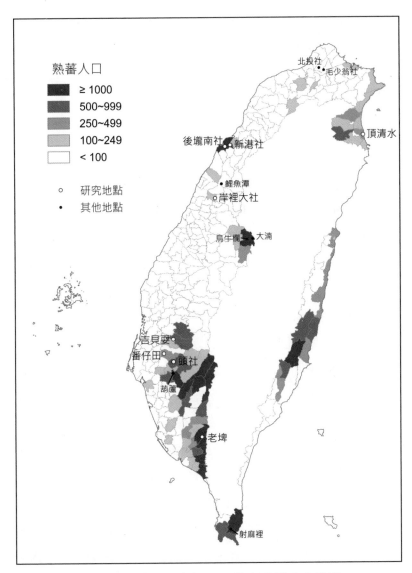

圖4-1：1915年熟蕃（平埔族）人口與本章提及之地點

人口資料來源：臺灣總督官房臨時戶口調查部，《第二次臨時臺灣戶口調查概覽表》。

辯。本章僅檢視其基本預設：來自福建、廣東的人群（文化上的漢
人，稱為越族後裔亦無妨）普遍與平埔原住民通婚。這個預設堅實
嗎？

通婚有多普遍？

在史料中，確實能發現一些關於普遍通婚的證據，特別是
一八七四年以前不受清政府直接統治的恆春地區。一九〇九年恆春
廳的調查報告指出：「散住於射麻裡庄（今滿州鄉永靖，見圖 4-1）
及其附近的廣東人、福建人與平埔番，因互相通婚，故無系統，頗
為混亂，也因此沒有像住於其他地方的平埔番能自成一社會的情
況。地方居民也未有彼我的區別……」[11] 同一時期的臺北錫口（松
山）與嘉義一帶，也有關於平埔原住民多與漢人通婚的報導。[12]

不過，在十九、二十世紀之交的臺灣，更常見到的敘述框架
是：平埔原住民與漢人原本很少通婚，當時剛開始被接受。一八
九六年，伊能嘉矩踏查臺北近郊的北投社與毛少翁社（位於天母，
見圖 4-1）。他提到：雖然與漢人通婚的例子不多，習俗與語言都
已經被漢人同化。不過，「平埔蕃與漢人都認為他們不是同族」，
「他們與漢人之間，還有一條明顯的界線。」[13] 一九〇九年苗栗廳的
調查報告指出：後壠社與新港社（位於後龍鎮，見圖 4-1，今歸為
道卡斯族）「道光年間（1821-1850）尚嚴禁與外族通婚及收養關
係，不准外族進入，然隨著與漢人之間交通接觸頻繁，雖少有背叛
者，但社會制裁已稍見緩和，有默許之傾向。」[14] 鯉魚潭（位於三義

鄉，見圖 4-1）的巴宰族「結婚係番族互相嫁娶，鮮少與普通本島人通婚者，然亦不能謂全無」。[15] 同一年，管轄（後來鮑梅立造訪的）吉貝耍、番仔田、頭社的鹽水港廳也向總督府提出報告：「領臺當時，婚姻等關係僅限於同族之間。然到如今，亦往往可見與福建人通婚者。」[16]

上述報導雖然可貴，但僅限於概括性的文字敘述，含糊籠統。幸好，一九〇五至一九四五年間的戶口檔案保存漢人與平埔原住民通婚的資訊，可精確統計其通婚率。往前看，清代缺乏如此翔實的戶口登記。往後看，二戰以後平埔原住民不再作為戶口登記、調查與統計的身分類別。因此，一九〇五至一九四五年是臺灣史上唯一能夠確實統計漢人與平埔原住民之間通婚率的年代，而且空前絕後。本章的第一個目標，就是運用這段期間的人口統計與戶口檔案來解開這個謎題：漢人與平埔原住民相互通婚的普遍程度為何？

由於二戰以後平埔原住民不再作為調查與統計的分類範疇，當代原漢通婚的研究僅限於**法定**原住民，看不見平埔原住民。[17] 然而，「漢人普遍與平埔族通婚」已成為目前臺灣民族主義一個流派的重要主張，在當代社會中引起很多人關切。黃樹仁抱怨「這般重大社會史議題卻在學界少有討論」。[18] 他以**邏輯推理**的方式得出：歷史上漢人與平埔原住民確有通婚，但不普遍。他缺的是實證。

本章同時由全島層次與村落層次觀察通婚的比率。在全島層次，運用歷年度人口動態統計來掌握總體趨勢。在村落層次，藉由八個平埔村落的戶口檔案來捕捉各地差異。包括：宜蘭的頂清水，苗栗的新港社與後壠南社，臺中的岸裡大社，臺南的吉貝耍、番仔

田、頭社，屏東的老埤（圖 4-1）。這些村落涵蓋噶瑪蘭族、道卡斯族、巴宰族、西拉雅族、馬卡道族的原住民，以及他們的漢人鄰居——有福佬也有客家。如此，我們對於通婚的比率可以獲得不同層次、不同區域、不同族別的全面掌握。

通婚受什麼條件影響？

第二個問題是：什麼情況下比較容易或不容易發生通婚？如第三章所述，布勞的結構理論指出：群體的人口規模與地理分布決定人們與其他群體互動的機會；相對規模愈小的群體，與其他群體互動的機會愈大，因而愈可能採取族外婚。[19] 不過，整體上居於少數的群體若聚集於特定地區，也能在聚集地成為局部多數而降低族外婚比率。當代臺灣原漢通婚的研究亦顯示，在原住民人口相對集中的原鄉，原漢通婚比率遠低於都會區。[20] 按一九〇五年人口普查，福佬人 2,492,784 人、客家人 397,195 人、熟蕃僅有 46,432 人。[21] 由此不難推論，人口居於少數的平埔原住民比居於多數的漢人更可能跨族通婚。但在平埔人口集中的地方，平埔原住民跨族通婚的可能性降低、漢人跨族通婚的可能性提高。

人類學者鮑梅立也曾對跨族通婚提出一些說法。她詢問吉貝耍、番仔田、頭社當地人的父母與祖父母婚姻情形，問不到任何案例是漢人男性娶平埔女性。[22] 平埔男性娶漢人女性的情形也很罕見，她只問到二例，都是寡婦再婚。她認為改嫁以及嫁給「番」（savage）在儒家倫理中是雙重的不道德。[23] 這種說法暗示，這些漢

人寡婦是為了討生活，不得已才改嫁平埔男性。鮑梅立問到的跨族通婚案例，絕大多數（十例）是漢人男性贅入平埔女性家中。她指出以前漢人男性蔑稱平埔女性「番仔婆」，正常情況下不願意跟平埔女性結婚。只有那些非常貧窮的漢人男性，因為付不起聘金，娶不到漢人女性，別無選擇之下才會贅入平埔家庭。[24]

　　相較於鮑梅立提出的通婚理由是迫不得已、別無選擇，邵式柏提出了積極的理由。他說，漢人男性若透過提供勞動力而贅入平埔女性家中，最後可望控制妻子繼承而來的土地。他也認為漢人與平埔原住民的通婚最初完全是單向的，都是由平埔女性招贅漢人男性。[25]

　　鮑梅立的田野工作直到問了纏足之後才獲得突破，因此主張纏足是區分漢人女性與平埔女性的最後標誌。她認為二十世紀初時，吉貝耍、番仔田、頭社相對於鄰近漢人聚落的差別，只剩下女性不纏足這一點還看得見。[26] 一九一五年日本統治者禁止纏足，將這個最後標誌移除了。從此，漢人女性與平埔女性沒什麼兩樣，於是漢人男性娶平埔女性、平埔男性娶漢人女性的案例開始增加。[27]

　　上述說法可以整理為下列四點：

　　（1）平埔女性招贅漢人男性是最主要的通婚途徑。

　　（2）漢人女性嫁給平埔男性常為寡婦再婚。

　　（3）漢人的纏足風俗阻礙跨族通婚。

　　（4）禁止纏足後通婚率大增。

　　本章的第二個目標，是藉由八個平埔村落的戶口檔案來檢視上述說法是否具有普遍性。也許鮑梅立無意將其所見所聞推廣至更大

範圍。不過檢視其所見所聞的普遍性，還是能增進我們對於原漢關係的理解。她曾經造訪的吉貝耍、番仔田、頭社，也在這八個村落當中。在進入到平埔村落的分析之前，讓我們先掌握全島層次的總體趨勢。

總體趨勢

一九〇五年十月一日起實施嚴格的戶口申報制度後，總督府將每一年發生的人口異動情形彙整為歷年《臺灣人口動態統計》。從一九〇五到一九三八年，每一年皆有全島各種族間婚配對數的統計。其中，一九〇五年數據只包含十月一日申報制度落實以後的三個月。一九三九年起，關於種族間婚配對數的統計將平埔族與高砂族合併為一類，因此無法單獨計算平埔族的跨族通婚率。

圖 4-2 根據一九〇五至一九三八歷年《臺灣人口動態統計》繪出歷年平埔族（熟番）的跨族通婚率。實線是當年結婚之平埔男性配對漢人女性的比率，無論娶妻或入贅；虛線是當年結婚之平埔女性配對漢人男性的比率，無論出嫁或招贅。黑線的婚配對象是福佬人，灰線的婚配對象是客家人。

顯而易見，平埔女性比平埔男性更容易與漢人通婚（兩種虛線皆高於實線）。假如平埔女性招贅漢人男性是最主要的通婚途徑，確實可以看到這種圖像。不過，平埔男性的通婚率只是比平埔女性低一些，並不算稀有。另一方面，我們可以看到平埔原住民與福佬人的通婚率有明顯上升趨勢。平埔女性配對福佬丈夫的比率，從世

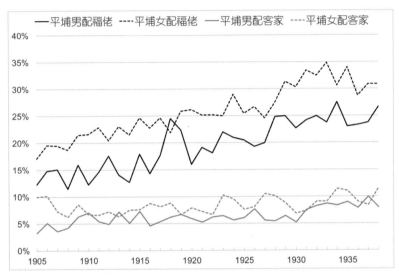

圖4-2：歷年平埔族（熟蕃）之名目通婚率

注：原始資料稱福佬、客家、平埔為「福建人」、「廣東人」、「熟蕃」。
資料來源：歷年《臺灣人口動態統計》

紀初的未滿 20% 提升到一九三〇年代的高於 30%；平埔男性配對福佬妻妾的比率，也從未滿 15% 提升到 25% 左右。若將福佬人與客家人合計，則平埔女性的跨族通婚率從未滿 30% 提升到 40% 左右；平埔男性的跨族通婚率從未滿 20% 提升到 30% 左右。

　　圖 4-3 從漢人的角度觀察。實線是當年結婚之漢人男性配對平埔女性的比率，虛線是當年結婚之漢人女性配對平埔男性的比率。黑線是福佬人，灰線是客家人。很明顯，只有極低比率的漢人與平埔原住民通婚：福佬人不到 0.5%、客家人不到 1%。畢竟漢人與平埔原住民的人口規模差距懸殊。這也意味，跨族通婚可使漢人對平

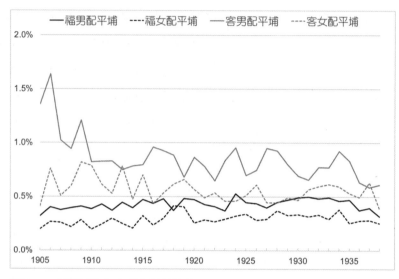

圖4-3：歷年漢人之名目通婚率

註：原始資料稱福佬、客家、平埔為「福建人」、「廣東人」、「熟蕃」。
資料來源：歷年《臺灣人口動態統計》

埔社群產生很大影響；反觀平埔原住民對漢人社群的影響是杯水車薪。

　　上述聚合數據（aggregate data）[28] 幫助我們瞭解整體概況，但無法區分不同婚姻形式（嫁娶或招贅）的差別，也無法追溯有多少漢人擁有平埔血緣。此外，各地情況可能隨著人口結構差異而不盡相同。分析村落層次的戶口檔案，可以進行更細微的觀察。

平埔村落的觀察

方法的考量

　　使用戶口檔案之前，有些事情必須考慮清楚。首先，一九〇五年進行的種族分類可能將部分清代熟番後裔歸類為漢人。一個確定的例子是，有些竹塹社後裔因為已經客家化，在日治時期登記為「廣」。[29] 當這些名目上的漢人與他們的原住民同胞結婚時，就會成為表面上的跨族通婚，導致平埔原住民的通婚率膨脹。因此，根據日治時期戶口資料算出來的通婚率，對平埔原住民而言是**高估**。反過來看，當漢人與隱身於漢人名目下的原住民結婚時，表面上不算跨族通婚，這樣會低估通婚率。不過，在人口規模差距懸殊的情況下，後者影響相對微小。

　　將熟番後裔歸類為漢人的可能性，取決於地方上的人口結構與族群關係。在平埔人口聚集或原漢界線分明的地方，相對不易誤判。如段洪坤小時候的經驗，一九七〇年代吉貝耍附近的人仍然消遣吉貝耍人是「番仔」。[30] 直到一九九〇年代，葉春榮在田野中還是可以察覺「葫蘆當地誰是人誰是番，葫蘆地方五、六十歲以上的人還是很清楚，只是不便當面說而已」。[31] 因此，在我分析的八個平埔村落中，隱身為漢人的問題相對微小。

　　再者，戶口制度下的種族為父系繼承，與平埔原住民常見的招贅婚有所扞格。倘若一個漢人男性贅入平埔女性家中，所生子女繼承父親的「福」或「廣」標籤。但是這種名目上的漢人從小在平埔社群中長大，成年後很容易再與其他平埔原住民結婚，成為表面上

的跨族通婚，導致通婚率膨脹。[32] 如此，按照父系繼承制度算出來的通婚率，對平埔原住民而言又是高估。圖 4-2 便隱藏這個問題。

　　因應這個問題，我特別區分「名目通婚」與「狹義通婚」。前者乃直接按照種族欄資訊認定。另外，我追溯當事人的直系尊親屬（父母、祖父母），將查無平埔血緣的漢人挑出來，稱為「狹義漢人」。狹義通婚專指狹義漢人與平埔原住民的通婚。這些狹義漢人不保證沒有更古早的平埔祖先。只能說，他們在日治時期沒有平埔長輩。他們與平埔原住民的婚姻，是嚴格意義下的跨族通婚。

　　研究村落的戶口檔案還有個先天限制：當事人一旦嫁出或贅出村外，就看不到另一半的資料。因此，這種素材只適合分析婚姻入戶事件，包括娶進妻妾與招入丈夫。我們可以計算平埔男性娶妻的通婚率、平埔女性招贅的通婚率。兩者也可以合計為平埔原住民接受婚入的通婚率。但是，我們不應計算平埔男性贅出的通婚率、平埔女性嫁出的通婚率。勉強統計會有偏誤，因為只算得到同村結婚的案例。另一方面，我們可以觀察那些與平埔社群住在同一個行政村的漢人鄰居是否娶進或招入平埔原住民。亦即，計算漢人男性娶妻的通婚率、漢人女性招贅的通婚率。兩者也可以合計為漢人接受婚入的通婚率。

前人研究

　　葉春榮曾整理臺南縣左鎮鄉葫蘆（化名，位置見圖 4-1）的戶口調查簿。[33] 當地人口正好是福佬與平埔原住民（西拉雅族）各半。他統計有紀錄的 365 次婚姻中，只有 24 次是跨族通婚，占

6.5%。[34] 從家庭層次來看，87 戶福佬家庭中，[35] 只有 6 戶曾娶進平埔女性、4 戶曾招入平埔男性；89 戶平埔家庭中，只有 6 戶曾娶進福佬女性、5 戶曾招入福佬男性。他指出：「漢人之婚姻對象多半來自附近之漢人村落，平埔之婚姻對象則來自附近之平埔村落。一般漢人寧可跟稍遠地方的漢人結婚，也不要跟平埔結婚。」[36] 從葫蘆的情況來看，平埔女性招贅漢人男性算不上是最主流的通婚途徑。

邱正略與康豹曾整理南投縣埔里鎮烏牛欄（位置見圖 4-1）的戶口調查簿，製作關於婚姻與收養的多種交叉表。[37] 烏牛欄這名稱來自臺中豐原一帶，屬於巴宰族岸裡社群。十九世紀起，中部平埔原住民集體移居埔里盆地，也將原鄉地名帶來移居地。按照前述「方法的考量」，我將該文「表十九」的數據重新整理為表 4-1。

在平埔男性娶妻的 173 件婚入事件中，32 件為迎娶漢人女性，占 18.5%。在平埔女性招贅的 70 件婚入事件中，38 件為招贅漢人男性，占 54.3%。由此可見，對平埔原住民而言，招贅的通婚

表4-1：埔里烏牛欄婚姻入戶事件統計

婚姻形式	入戶者			事件數	名目通婚率
	平埔	漢人	生蕃		
平埔男娶妻	140	32	1	173	18.5%
平埔女招贅	32	38	0	70	54.3%
漢男娶妻	32	49	0	81	39.5%
漢女招贅	8	17	0	25	32.0%

整理自：邱正略、康豹，〈日治時期烏牛欄庄的人口結構與族群關係〉，頁 133。
注：省略缺乏種族資訊者。娶妻含大婚、小婚、姜婚，招贅含招婿、招夫。

率確實遠高於娶妻（54.3% > 18.5%）。然而，由於嫁娶婚的頻率高於招贅婚，娶漢人女性的次數與招贅漢人男性的次數相差不多（32：38）。換言之，跨族通婚絕非只是單向地由平埔女性招贅漢人男性。引人注目的是，烏牛欄當地漢人的通婚率超過三成，高出全島水平（不到 1%）非常多。這無疑與當地人口結構相關。漢人在烏牛欄是少數群體，從表 4-1 的事件數就看得出來。這也顯示地方上的情況可以大異於全島層次所見圖像。不過，這些名目漢人當中有多少具平埔血緣，邱正略與康豹沒有追溯。

　　洪麗完曾整理埔里地區另一個行政村大湳（位置見圖 4-1）的戶口調查簿。[38] 大湳這名稱來自臺中新社一帶，同樣隨著平埔原住民移居埔里盆地而被帶過來。近代學界將大湳歸為巴宰族，然而，最近當地人宣揚自己是噶哈巫族。洪麗完的結論是：「大湳庄熟番女性有 15.9% 與漢人男性聯姻；有 12.2% 大湳庄熟番男性與漢人女性聯姻。……與 Brown 約有 11.8% 的漢人男性與熟番女性結婚數據接近。」[39] 事實上，Brown（鮑梅立）的 11.8% 指的是：在她問到的父母與祖父母婚姻案例中，有 11.8% 的案例（85 例中的 10 例）是平埔女性招贅漢人男性，[40] 亦即分母為所有婚姻案例。洪的算法是以熟番男性或熟番女性為分母，且將婚入事件與婚出事件混在一起算。[41] 由於分母不同，兩者不能比較。

　　既然各地情況可能有很大差異，只觀察單一村落面臨局限。我們也不可能將全國的戶口檔案都納入分析，那不是學者的力量所能及。我從中央研究院歷史人口研究計畫蒐集的戶口檔案中，找出八個平埔村落的資料。這些村落跨越不同區域、不同族別、不同人口

結構。以下藉由比較這些村落，盡可能捕捉最大變異。

八個村落比較

基本資訊

　　表 4-2 彙整八個村落的基本資訊。最北邊的地點是宜蘭的頂清水庄，於一九二〇年整編為「五結庄頂清水」，相當於今日五結鄉季新村。當地有噶瑪蘭族的加禮宛、婆羅辛仔宛、流流等社，也有清水、社尾、新店等漢人聚落。十九世紀中葉以來，加禮宛等社原住民因不堪漢人擠壓，大舉遷往花蓮、臺東地區。[42] 到了二十世紀，當地平埔原住民所剩不多，按一九一五年普查為 203 人。[43] 若將周邊的五結、羅東、冬山、蘇澳、壯圍等地涵蓋進來，平埔原住民人口為 719 人。[44] 這個區域的漢人鄰居幾乎都是福佬。

　　接下來兩個地點是苗栗的道卡斯村落。其中，新港社分為東社與西社，於二十世紀初與其附近漢人聚落合編為新港庄。我分析的資料僅涵蓋東社與西社，不含新港庄的其他漢人聚落。當地於一九二〇年整編為「後龍庄新港字東西」，相當於今日後龍鎮新民里。新港社是臺灣中北部唯一在原居地維持近千人規模的巨大平埔村落。此外，新港社附近的公司寮庄有個百人規模的南社，是後壠社的一部分。當地於一九二〇年整編為「後龍庄公司寮字南社」，相當於今日後龍鎮龍津里東側。新港社與後壠南社的周邊人口有六成是客家，三成多是福佬。

　　第四個地點是臺中的大社庄，於一九二〇年整編為「神岡庄大

表4-2：研究地點基本資訊

地點	清代舊社	分類	平埔人口1915 本身	平埔人口1915 區域	區域人口結構1915 平埔	區域人口結構1915 福佬	區域人口結構1915 客家	區域範圍
五結庄頂清水	加禮宛社、婆羅辛仔宛社、流流社	噶瑪蘭	203	719	1.2%	98.0%	0.9%	五結、羅東、冬山、蘇澳、壯圍
後龍庄新港字東西	新港社	道卡斯	954	1,462	3.1%	36.9%	60.0%	後龍、造橋、頭屋、苗栗、四湖
後龍庄公司寮字南社	後龍社	道卡斯	94	1,462	3.1%	36.9%	60.0%	後龍、造橋、頭屋、苗栗、四湖
神岡庄大社	岸裡大社	巴宰	160	215	0.3%	69.2%	30.5%	神岡、內埔、豐原、潭子、大雅、北屯、石岡
番社庄吉貝耍	蕭壠社為主	西拉雅	798	1,632	2.4%	96.1%	1.5%	番社、柳營、新營、後壁、白河、六甲
官田庄番子田	麻豆社	西拉雅	132	1,220	1.6%	98.3%	0.0%	官田、麻豆、下營、六甲、大內、善化、柳營
大內庄頭社	目加溜灣社為主	西拉雅	630	1,915	5.4%	94.6%	0.0%	大內、官田、善化、山上、玉井
內埔庄老埤	下淡水社為主	馬卡道	1,439*	4,120	9.0%	21.0%	70.0%	內埔、萬巒、竹田、長興

注：原始資料稱福佬、客家、平埔為「福建人」、「廣東人」、「熟蕃」。區域約為 10 公里範圍，僅用來描述周邊人口結構，不等於征域。* 包含中林約 200 人。

人口資料來源：臺灣總督官房臨時戶口調查部，《第二次臨時臺灣戶口調查概覽表》。

社」，相當於今日神岡區岸裡里與大社里。這裡是赫赫有名的巴宰族岸裡大社所在地。不過，大社原住民多數已遷往埔里，還有一部分遷往苗栗縣三義鄉的鯉魚潭（位置見圖 4-1）。[45] 一九一五年時，大社僅餘 160 個平埔原住民。即使將周邊的神岡、內埔（后里）、豐原、潭子、大雅、北屯、石岡等地涵蓋進來，平埔原住民人口也僅有 215 人，相當稀少。這個區域的人口有近七成是福佬、三成是客家。

接下來三個西拉雅村落就是鮑梅立曾經造訪的吉貝耍、番仔田、頭社。吉貝耍庄於一九二〇年整編為「番社庄吉貝耍」，目前是東山區東河里。吉貝耍原住民主要是蕭壠社後裔。番仔田庄於一九二〇年整編為「官田庄番子田」，目前稱為隆田。番仔田原住民是麻豆社後裔，本身人口不多，但周邊區域仍有上千平埔人口。頭社庄於一九二〇年整編為「大內庄頭社」，目前是大內區頭社里。頭社原住民主要來自目加溜灣社，也有部分來自西拉雅四大社的其餘三社（新港、麻豆、蕭壠）。[46] 以上三個西拉雅村落的漢人鄰居幾乎都是福佬。

最南邊的地點是屏東的老埤，於二十世紀初與附近的中林（平埔聚落）、下浮圳（福佬聚落）合編為老埤庄；一九二〇年整編為「內埔庄老埤」。本文使用的戶口檔案僅涵蓋老埤本部落，即現在的內埔鄉老埤村。老埤原住民主要來自下淡水社，目前分類為馬卡道族。老埤本身就擁有上千平埔人口。若加上周邊的內埔、萬巒、竹田、長興（長治、麟洛）等地，平埔原住民人口超過四千，占總人口 9%。如此雖然仍是少數群體，但在八個研究地點中最具人口優

勢。這個區域的人口有七成是客家，兩成多是福佬。

各地通婚率

　　表 4-3 統計各地平埔原住民接受婚入的事件，先不區分是娶妻或招贅。以新港社為例，在 404 件婚入事件中，分別有 72 件與 37 件的入戶者屬福佬、客家，合占 27.0%，即名目通婚率。再者，72 名福佬人中有 4 人為通婚後代，37 名客家人中有 1 人為通婚後代。若扣掉這 5 名混血者，狹義通婚率為 25.7%。

　　表 4-3 有三點值得注意。首先，雖然新港社、後壠南社、老埤

表4-3：平埔原住民接受婚入事件統計

| 地點 | 入戶者 | | | | | | | 事件數 | 與漢人通婚率 | |
| | 平埔 | 名目 | | 狹義 | | 混血 | 其他 | | 名目 | 狹義 |
		福	客	福	客					
頂清水	48	19	0	19	0	0	0	67	28.4%	28.4%
新港社	294	72	37	68	36	5	1	404	27.0%	25.7%
後壠南社	8	32	9	31	9	1	0	49	83.7%	81.6%
岸裡大社	20	31	18	31	18	0	1	70	70.0%	70.0%
吉貝耍	194	105	3	86	3	19	0	302	35.8%	29.5%
番仔田	53	11	0	11	0	0	0	64	17.2%	17.2%
頭社	199	59	0	48	0	11	0	258	22.9%	18.6%
老埤	187	87	14	68	14	19	2	290	34.8%	28.3%

注：客家、平埔原註記「廣」、「熟」；其他為新港社 1 名中國人、岸裡大社 1 名日本人、
　　老埤 2 名生蕃。
資料來源：根據戶口調查簿計算

的周邊人口以客家居多，但這三社原住民顯然更親近福佬，較常與福佬通婚。第二，能追出平埔血緣的漢人不多；吉貝要與老埤算是比較多的。扣除有平埔血緣的漢人後，吉貝要原住民的跨族通婚率由名目上的 35.8% 調整為 29.5%；老埤原住民由 34.8% 調整為 28.3%。第三，後壠南社、岸裡大社的原住民具有相當高的通婚率（超過七成），但其他平埔原住民的狹義通婚率皆未滿三成。

洪麗完曾指出岸裡大社原住民以族內婚為主。[47] 從戶口資料來看，二十世紀初的情況已經不是那樣。另一方面，據說道卡斯新港社原住民總是強調「娶自己人、嫁自己人」，[48] 這說法也稍嫌誇大。實際上，一九〇五至一九四五年間新港社原住民約有四分之一婚入事件接受沒有平埔長輩的漢人。當然，這樣的比率相較於其他平埔村落算是低的。對照一九〇九年關於新港社的報導：「道光年間（1821-1850）尚嚴禁與外族通婚及收養關係，不准外族進入，然隨著與漢人之間交通接觸頻繁，雖少有背叛者，但社會制裁已稍見緩和，有默許之傾向。」[49]

進一步比較平埔人口規模與通婚率的關係（圖 4-4）。在後壠南社、岸裡大社這兩個規模太小的社，多數平埔原住民與漢人通婚。不過，在頂清水與番仔田，即使平埔原住民人口少，仍然維持比較明顯的原漢界線。當然，人們不會只找同村的人結婚，也會到周邊區域尋找婚配對象。即使本村同族人口不足，周邊可能有足夠外援。因此，讓我們繼續觀察周邊區域平埔人口規模與通婚率的關係（圖 4-5）。周邊區域的界定載於表 4-2，大約是步行可以當日往返的範圍。這並不是說，平埔原住民只在這個範圍內尋找婚配對

象。毋寧是，若這個範圍內的同族人口愈少，就得到更遙遠的地方才找得到同族的適婚對象。如此，維持族內婚更不容易。顯而易見，本身人口規模太小的岸裡大社，在周邊區域也缺乏足夠外援，這可能是難以維持族內婚的原因之一。反觀番仔田雖然本身人口規模小，但周邊區域有不少平埔原住民，得以保持相對低的跨族通婚率。

　　後壠南社的情況引人注目。其周邊的平埔原住民不算少，尤其附近就有一個規模巨大的新港社。然而，後壠南社原住民卻不常與其周邊的平埔原住民婚配。在有紀錄的四十年間，後壠南社與新港社之間只締結三對夫妻！包括一位新港社女性嫁到後壠南社、二位

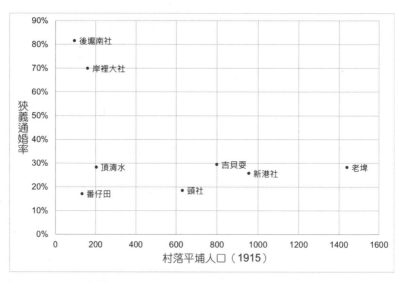

圖4-4：村落平埔人口與通婚率的關係

注：受限於人口統計單位，老埤人口包含中林約 200 人，但通婚率計算不包含中林。

後壠南社女性嫁到新港社。清代這兩社同屬後壠社群，但二十世紀初時似乎不屬於同一個婚姻圈。何以如此，有待進一步探究。

　　表 4-4 切換至漢人鄰居的角度，統計各地狹義漢人（排除有平埔血緣者）接受婚入的事件。頂清水、岸裡大社的漢人占有人口優勢（可比較表 4-3、表 4-4 的事件數），即使緊鄰平埔原住民，通婚率並沒有比全島水平高多少，僅 1% 左右。岸裡大社出現不對稱情形：平埔原住民通婚率相當高（70%），但同村漢人通婚率極低（1%）。只有在平埔村落中不具人口優勢的漢人，明顯比大多數漢人更可能婚配平埔原住民。新港社、吉貝耍漢人在村中居於絕對少數，其通婚率高於全島水平甚多。吉貝耍甚至有一半漢人接受平埔

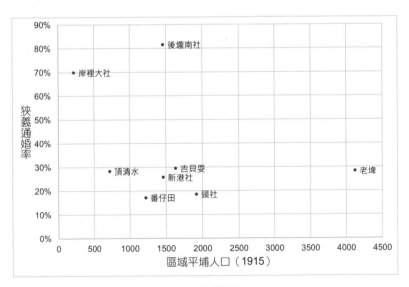

圖4-5：區域平埔人口與通婚率的關係

表4-4：狹義漢人接受婚入事件統計

地點	入戶者				事件數	狹義通婚率
	平埔	狹義漢	混血	其他		
頂清水	7	447	1	1	456	1.5%
新港社	12	32	0	0	44	27.3%
後壠南社	5	48	2	0	55	9.1%
岸裡大社	6	570	0	0	576	1.0%
吉貝耍	24	24	0	0	48	50.0%
番仔田	5	38	0	0	43	11.6%
頭社	28	88	5	0	121	23.1%
老埤	65	120	6	1	192	33.9%

注：其他為頂清水、老埤各 1 名生蕃
資料來源：根據戶口調查簿計算

原住民婚入。老埤漢人的通婚率也相對高，與前述埔里烏牛欄的漢人一樣超過三成。

　　整體而言，雖然各地通婚率差異頗大，仍有一定規律可循。在地方上相對人口規模愈小的群體，無論是漢人還是平埔原住民，通常愈能接受跨族通婚。

檢視鮑梅立的四個說法

（一）平埔女性招贅漢人男性是最主要的通婚途徑？

　　鮑梅立在吉貝耍、番仔田、頭社問到的十二例父母或祖父母跨族通婚案例中，有十例是平埔女性招贅漢人男性。因此她主張跨族

表4-5：婚入事件按婚姻形式分

接受方	地點	娶妻			招贅		
		狹義通婚	婚入事件數	狹義通婚率	狹義通婚	婚入事件數	狹義通婚率
平埔	頂清水	16	54	29.6%	3	13	23.1%
	新港社	78	342	22.8%	26	62	41.9%
	後壠南社	35	43	81.4%	5	6	83.3%
	岸裡大社	37	55	67.3%	12	15	80.0%
	吉貝耍	53	234	22.6%	36	68	52.9%
	番仔田	4	37	10.8%	7	27	25.9%
	頭社	30	196	15.3%	18	62	29.0%
	老埤	66	243	27.2%	16	47	34.0%
狹義漢人	頂清水	5	374	1.3%	2	82	2.4%
	新港社	8	31	25.8%	4	13	30.8%
	後壠南社	4	47	8.5%	1	8	12.5%
	岸裡大社	6	489	1.2%	0	87	0.0%
	吉貝耍	15	24	62.5%	9	24	37.5%
	番仔田	4	36	11.1%	1	7	14.3%
	頭社	22	92	23.9%	6	29	20.7%
	老埤	50	156	32.1%	15	36	41.7%

資料來源：根據戶口調查簿計算

通婚大多經由這種途徑。她的取樣有沒有偏誤？這種說法具有普遍性嗎？我藉由八個村落的母體資料加以檢視。

　　表4-5按婚姻形式將婚入事件分成四塊：左上部是平埔男性娶妻、右上部是平埔女性招贅、左下部是狹義漢人男性娶妻、右下部

是狹義漢人女性招贅。上半部的數據合計等於表 4-3，下半部的數據合計等於表 4-4。首先比較左上部與右上部。除了頂清水以外，各地平埔原住民招贅的通婚率確實高於娶妻。不過，由於娶妻的頻率高於招贅，除了番仔田以外，「平埔男性娶漢人女性」的次數都多於「平埔女性招贅漢人男性」。包括鮑梅立造訪的吉貝耍、頭社也是如此。顯然，平埔男性娶漢人女性不像她說的那麼罕見。

表 4-5 下半部從漢人鄰居的角度觀察。鮑梅立問不到的「漢人男性娶平埔女性」事實上是存在的，包括她曾造訪的三個地點（吉貝耍、番仔田、頭社）。在頂清水、頭社、老埤，其發生次數還多於「平埔女性招贅漢人男性」（5 > 3; 22 > 18; 50 > 16）。總而言之，跨族通婚絕非只是單向地由平埔女性招贅漢人男性。

我們不能排除，這種說法指的是「一開始」的樣子。而表 4-5 數據涵蓋一九○五至一九四五年的婚入事件。也許後期才興起「平埔男性娶漢人女性」、「漢人男性娶平埔女性」，且在數量上蓋過早期的「平埔女性招贅漢人男性」。為此，表 4-6 再將婚入事件分為一九○五至一九二五年、一九二六至一九四五年兩個時期比較。如此切分的方便理由是將四十年均分為兩半。另一方面，鮑梅立主張纏足被禁後跨族通婚率大增。纏足通常於女孩五歲左右開始執行。[50] 一九一五年禁止纏足時，還沒開始纏足的世代約於一九二六年起進入婚姻市場。如此切分，也方便後頭檢視鮑梅立的這項主張。

如表 4-6 所示，前期三個西拉雅村落（吉貝耍、番仔田、頭社）「平埔女性招贅漢人男性」的次數確實超過「平埔男性娶漢人

表4-6：婚入事件按婚姻形式與時期分

形式	地點	1905-1925			1926-1945		
		狹義通婚	婚入事件數	狹義通婚率	狹義通婚	婚入事件數	狹義通婚率
平埔男娶妻	頂清水	5	33	15.2%	11	21	52.4%
	新港社	42	181	23.2%	36	161	22.4%
	後壟南社	24	27	88.9%	11	16	68.8%
	岸裡大社	29	42	69.0%	8	13	61.5%
	吉貝耍	21	115	18.3%	32	119	26.9%
	番仔田	3	26	11.5%	1	11	9.1%
	頭社	14	108	13.0%	16	88	18.2%
	老埤	33	118	28.0%	33	125	26.4%
平埔女招贅	頂清水	2	8	25.0%	1	5	20.0%
	新港社	21	42	50.0%	5	20	25.0%
	後壟南社	4	4	100.0%	1	2	50.0%
	岸裡大社	9	12	75.0%	3	3	100.0%
	吉貝耍	31	51	60.8%	5	17	29.4%
	番仔田	7	22	31.8%	0	5	0.0%
	頭社	17	45	37.8%	1	17	5.9%
	老埤	7	31	22.6%	9	16	56.3%
狹義漢男娶妻	頂清水	2	185	1.1%	3	189	1.6%
	新港社	4	21	19.0%	4	10	40.0%
	後壟南社	0	25	0.0%	4	22	18.2%
	岸裡大社	4	274	1.5%	2	215	0.9%
	吉貝耍	10	13	76.9%	5	11	45.5%
	番仔田	4	30	13.3%	0	6	0.0%
	頭社	10	40	25.0%	12	52	23.1%
	老埤	26	79	32.9%	24	77	31.2%

注：狹義漢女招贅平埔男的次數少，不再細分。
資料來源：根據戶口調查簿計算

女性」（31 > 21; 7 > 3; 17 > 14），但後者也不是沒有。到了後期，招贅婚在三個西拉雅村落的確衰微了。其他村落的跨族通婚在前期已是「平埔男性娶漢人女性」居多。在老埤，「漢人男性娶平埔女性」也早就比「平埔女性招贅漢人男性」還要常見（26 > 7）。

總而言之，二十世紀初的西拉雅村落比其他平埔村落盛行「平埔女性招贅漢人男性」，但並非占壓倒性多數的通婚途徑。如果繼續往前推到十九世紀、甚至更早之前，會不會像邵式柏所言：「最初完全是單向的，都是由平埔女性招贅漢人男性」？[51] 很遺憾，二十世紀的戶口資料不能回答十九世紀以前的問題。

（二）漢人女性嫁給平埔男性常為寡婦再婚？

鮑梅立認為漢人女性嫁給「番」是不名譽的事情，通常是寡婦才這樣做。她的弦外之音是：這些寡婦迫於生計，不得不然。這種說法具有普遍性嗎？

表 4-7 統計那些嫁給平埔男性的漢人女性是第幾次結婚。顯而易見，她們大多是初婚。初婚的女性當然不會是寡婦。鮑梅立造訪的吉貝耍、番仔田、頭社也是如此。她只是剛好問到寡婦再婚的案例，不代表整體趨勢。

（三）漢人的纏足風俗阻礙跨族通婚？

鮑梅立的田野工作一開始遭遇困境，人們不願意跟她講「平埔番」的事情。直到她無意間問了纏足，才突破人們的心防，抓到訪談要領。因此，她極力強調纏足的作用，主張纏足是區分漢人女性

表4-7：狹義漢人女性嫁平埔男性按婚姻次序分

地點	初婚	再婚	多次婚	事件數	非初婚占比
頂清水	16	0	0	16	0.0%
新港社	69	8	1	78	11.5%
後壠南社	32	3	0	35	8.6%
岸裡大社	34	2	1	37	8.1%
吉貝耍	48	5	0	53	9.4%
番仔田	4	0	0	4	0.0%
頭社	27	3	0	30	10.0%
老埤	65	1	0	66	1.5%

資料來源：根據戶口調查簿計算

與平埔女性的標誌；那些大腳女性一望可知是原住民，因此漢人不願意娶。

　　這種說法首先面臨的考驗是，漢人群體的內部就有很大歧異，不一定都會纏足（詳見第二章）。如此，纏足作為界線不只劃在漢人與原住民之間，也會劃在漢人群體之內。顯然，纏足不足以作為劃分漢人與原住民的決定因素。不過，我們不能排除纏足的影響是一種機率論。也就是說，漢人纏足可能降低其與平埔原住民通婚的機率。這可反映在兩個層次上：不同村落之間，愈盛行纏足的村落具有愈低的通婚率；村落之內，家裡有纏足慣習的漢人比沒有纏足慣習的漢人更少接受平埔媳婦。以下進一步檢視這兩種相關性是否存在。

　　表 4-8 針對狹義漢人男性娶妻的案例，分成婆婆（男方母親）

表4-8：狹義漢人男性娶妻按婆婆是否纏足分

地點	婆婆纏足			婆婆不纏足		
	娶平埔	事件數	狹義通婚率	娶平埔	事件數	狹義通婚率
頂清水	4	295	1.4%	0	17	0.0%
新港社	0	2	0.0%	4	14	28.6%
後壠南社	0	16	0.0%	3	23	13.0%
岸裡大社	3	88	3.4%	1	294	0.3%
吉貝耍	3	6	50.0%	5	6	83.3%
番仔田	1	17	5.9%	0	0	-
頭社	12	56	21.4%	4	13	30.8%
老埤	1	3	33.3%	36	106	34.0%

資料來源：根據戶口調查簿計算

纏足與婆婆不纏足兩部分進行統計。由於有些案例追查不到婆婆的資訊，因此表4-8的總數少於表4-5左下部。首先比較村落之間的差異。頂清水的漢人婆婆大多纏足，岸裡大社的漢人婆婆不纏足居多。然而，他們接受平埔媳婦的機率差不多一樣低。纏足區隔說對於解釋這一點無能為力。對纏足區隔說更殘酷的打擊是，在頂清水與岸裡大社，纏足的婆婆都比不纏足的婆婆更可能接受平埔媳婦（1.4% > 0.0%; 3.4% > 0.3%），雖然機率很低。

　　只有新港社、後壠南社、吉貝耍、頭社的漢人娶妻符合纏足區隔說的預期：家有大腳婆婆比家有小腳婆婆更可能娶進平埔媳婦。不過吉貝耍、頭社的事件太少，難以排除是隨機事件下的差異（p > 0.05）。總而言之，纏足與跨族通婚的關聯很弱，更不具普遍

性。如同葉春榮所言：「纏足不像罐頭上的標籤隨時可以撕掉。」[52]
只要人們有意區隔彼此，總是能夠找到辦法。

（四）禁止纏足後通婚率大增？

　　從全島統計來看，平埔原住民婚配漢人的比率隨時間遞增（圖
4-2）。鮑梅立更指出，日本統治者禁止纏足以後，漢人女性與平埔
女性難以分辨，於是通婚率大幅增加。我認為即使通婚率隨時間遞
增，不一定可以歸因於禁止纏足。同一時間發生的事情太多了：交
通發達、教育普及，都可能促進漢人與平埔原住民之間的交流。令
人納悶的是，從表 4-6 的狹義通婚率來看，根本看不到普遍而一致
的增加趨勢。

　　表 4-9 將表 4-6 的「平埔男娶妻」與「平埔女招贅」合併，並
比較名目通婚率與狹義通婚率的差異。有兩點值得注意。首先，早
期兩種算法的差異很小。到了後期，名目通婚率膨脹，後壠南社、
吉貝耍、頭社、老埤尤其明顯。這是因為早期經由招贅的通婚產生
一些在平埔社群中長大的名目漢人，這些人成年後又與平埔社群的
同胞結婚，成為表面上的跨族通婚。名目通婚率算進這種情況，而
狹義通婚率排除這種情況。因此到了後期，兩者差異擴大。

　　第二，無論何種定義，新港社、後壠南社、岸裡大社、番仔田
等地原住民的跨族通婚率，到後期反而下降了。吉貝耍、頭社則呈
現名目通婚率上升、狹義通婚率下降的情形。老埤的名目通婚率大
幅提升，但狹義通婚率只增加一點點。若將八個村落合計，也呈現
名目通婚率上升（32.4% → 34.0%）、狹義通婚率下降（31.1% →

表4-9：平埔原住民接受婚入的通婚率按名目、狹義與時期分

地點	1905-1925		1926-1945	
	名目	狹義	名目	狹義
頂清水	17.1%	17.1%	46.2%	46.2%
新港社	28.3%	28.3%	25.4%	22.7%
後壟南社	90.3%	90.3%	72.2%	66.7%
岸裡大社	70.4%	70.4%	68.8%	68.8%
吉貝耍	33.1%	31.3%	39.0%	27.2%
番仔田	20.8%	20.8%	6.3%	6.3%
頭社	22.2%	20.3%	23.8%	16.2%
老埤	30.2%	26.8%	39.7%	29.8%
合計	**32.4%**	**31.1%**	**34.0%**	**27.1%**

資料來源：根據戶口調查簿計算

27.1％）。這不禁使人質疑：全島統計所呈現的通婚率遞增，不一定反映實質的跨族通婚增加。那很可能只是父系繼承的戶口制度與平埔原住民常見的招贅婚不一致，製造表面上的跨族通婚，導致名目通婚率膨脹。

如果我的推論正確，直到一九四五年，平埔原住民婚配漢人的比率不像表面上那樣大幅增加。兩者之間婚姻隔閡全面鬆弛，也許是更晚近的事情。李國銘認為是一九六○年代，[53] 這個說法很有道理。一九六○年代的臺灣進入都市化加速階段，[54] 大量年輕人離鄉前往都市就業。他們可能因此掙脫地方上的族群劃分。

結論

　　本章的第一個提問是：漢人與平埔原住民之間通婚有多普遍？
從全島層次來看，只有極低比率的漢人與平埔原住民通婚：福佬人
不到 0.5%、客家人不到 1%。平埔原住民則有三分之一左右與漢人
通婚。如此，跨族通婚可使漢人對平埔社群產生很大影響；平埔原
住民對漢人社群的影響卻是杯水車薪。不過，由於各地人口結構與
族群關係迥異，地方上的情況可能大異於全島層次所見圖像。從村
落層次來看，各地通婚率差異很大，但仍有一定規律可循。在地方
上相對人口規模愈小的群體，無論是漢人還是平埔原住民，通常愈
能接受跨族通婚。換言之，只有那些在平埔村落中成為少數群體的
漢人鄰居們較常與平埔原住民通婚。一旦出了平埔村落，就不是那
麼一回事。黃樹仁如此推論：「除了有強烈利益動機的通事之屬，
或生計困難的社會邊緣人，一般漢人男性未必願意忍受被人歧視訕
笑而與原住民女性通婚。原漢通婚並不像一般想像的容易或普
及。」[55]

　　第二個提問是：通婚受什麼條件影響？布勞的結構理論可以穿
越時空限制，解釋工業化之前的臺灣社會。如同前述，群體的人口
規模愈小，與他者的互動機會愈大，通婚率也會愈高。我也發現鮑
梅立提出的四個說法不具普遍性。這不是說她的所見所聞不正確，
只是不代表多數情況。從不同區域、不同族別的八個平埔村落來
看：

　　(1) 雖然在許多村落，平埔原住民招贅時比娶妻時更可能與漢

人通婚。但娶妻的次數多於招贅，因此通婚並非只是單向地由平埔女性招贅漢人男性。

(2) 嫁給平埔男性的漢人女性大多是初婚。

(3) 纏足與跨族通婚的關聯很弱，更不具普遍性。

(4) 父系繼承的戶口制度製造表面上的跨族通婚，導致名目通婚率隨時間膨脹。直到一九四五年，平埔原住民婚配漢人的實質比率不像表面上那樣明顯增加。

請謹記在心，上述結論適用於一九○五至一九四五年。這裡所稱的平埔原住民，都是經由日本統治者認定，似乎沒有百分之百涵蓋清代熟番後裔。如竹塹社的案例，若干清代熟番後裔隱藏在日治時期戶口制度的漢人名目下。[56] 如果這種情況愈常發生，根據戶口資料計算平埔原住民的跨族通婚率就會高估愈多。不過，在平埔人口聚集的村落，原漢分界相對清楚，上述問題相對微小。

一九四六年以後，「平埔族」、「熟蕃」等標籤徹底消失於戶口登記中。隨著一九六○年代加速的都市化浪潮，又有大量平埔後裔離鄉前往都市定居，使其平埔淵源隱形甚至遺忘。從此，平埔後裔與漢人通婚勢必更為容易。由於再也沒有資料能夠計算其通婚率，「普遍通婚」的說法獲得很大想像空間，難以否證，並在一九九○年代以後成為部分臺灣民族主義者的重要主張。直到二○一八年，內政部戶政司全面清查一九○五至一九四五年「熟」註記者的後代子孫名單。二○二一年，原住民族委員會在關於平埔原住民身分的憲法訴訟案中公開上述結果：全臺灣有 98 萬 1641 人至少擁有一位「熟」註記的祖先。[57] 這是最寬鬆條件下的數字，也只占總人口

4%。如此看來，至少二十世紀以後，實在是沒有那麼多平埔原住民可以與漢人通婚。

注釋

1　段洪坤，〈當代平埔原住民族運動研究（1993-2012）：以台南西拉雅族為例〉（南投：國立暨南國際大學人類學研究所碩士論文，2013），頁90。

2　段洪坤，〈當代平埔原住民族運動研究（1993-2012）〉，頁1。

3　漢人稱臺灣原住民為「番」，但這個字在日文中有特定意涵，因此日文通常改寫為「蕃」。另一方面，「熟番」與「平埔番」源自不同語境，原先略有差異。平埔番顧名思義，就是住在平地的原住民。熟番則是位於界內受清政府直接統治的原住民。曾於一八二一至一八二四年任理番同知的鄧傳安寫得很清楚：「界內番，或在平地、或在近山，皆熟番也；界外番，或歸化、或未歸化，皆生番也。」（見：鄧傳安，《蠡測彙鈔》（臺北：臺灣銀行經濟研究室，1958 [1830]），頁1。）一九三五年，日本人將「熟蕃」改稱為「平埔族」，從此兩個稱呼合而為一，成為同義詞。本書按照原文脈絡使用「熟番」、「熟蕃」、「平埔番」、「平埔族」等詞，指涉相同對象。

4　Melissa Brown, *Is Taiwan Chinese? The Impact of Culture, Power, and Migration on Changing Identities* (Berkeley: University of California Press, 2004), p. 69.

5　收錄逾十萬筆清代檔案全文的「臺灣歷史數位圖書館」、三百一十種史料全文的「臺灣文獻叢刊資料庫」、四千三百餘條臺灣俗諺的《臺灣俚諺集覽》，皆遍尋不著任何與這句話相似的文字。這句話的出處成謎。見：臺灣總督府，《臺灣俚諺集覽》（臺北：臺灣總督府，1914）。

6　這類說法在民間廣為流傳，只要在網路上搜尋「平埔血統」、「唐山媽」等關鍵詞，就可以找到一大堆傳播者。這些傳播者大多不是專業學者，也不是以學術著作的形式傳播，故本文不一一指名道姓。關於這類說法的起源與傳播過程，可另文分析。本文重點不在於此，僅摘要其主要說詞。值得一提的是，這類說法在強調海禁的同時，絕口不提清政府也禁止漢人與原住民通婚。按《大清律例》戶律婚姻門第一百一十七條「嫁娶違律主婚媒人罪律」之條例二：「福建、臺灣地方民人不得與番人結親，違者離異，民人照違制律杖一百，土官、通事減一等，各杖九十，該地方官如有知情故縱，題參交部議處。其從前已娶生有子嗣者，即安置本地為民，不許往來番社，違者照不應重律杖八十。」此條例係乾隆二年（1737）定例，光緒元年（1875）沈葆楨奏準刪除。見：薛允升著述、黃靜嘉編校，《讀例存疑重刊本》第二冊（臺北：成文出版社，1970），頁314。

7　同樣的，這派說法也在學術界以外流傳甚廣；本文僅摘要其主要說詞。這派說法可避免混血說的禁令悖論：清政府禁絕漢人女性來臺，但不能禁絕原漢通婚。

8　林媽利，《我們流著不同的血液：台灣各族群身世之謎》（臺北：前衛，2010）。

9　陳叔倬、段洪坤，〈平埔血源與台灣國族血統論〉，《台灣社會研究季刊》，72（2008 年 12 月），頁 137-173；陳叔倬、段洪坤，〈台灣原住民祖源基因檢驗的理論與統計謬誤〉，《台灣社會研究季刊》，76（2009 年 12 月），頁 347-356。

10　李筱峰，〈推薦序〉，收入林媽利著，《我們流著不同的血液：台灣各族群身世之謎》（臺北：前衛，2010）。

11　翁佳音、陳怡宏譯，《平埔蕃調查書》（臺南：國立臺灣歷史博物館，2013），頁 150。

12　翁佳音、陳怡宏譯，《平埔蕃調查書》，頁 102、131。

13　楊南郡譯註，《平埔族調查旅行：伊能嘉矩〈台灣通信〉選集》（臺北：遠流，1996），頁 70-76。

14　翁佳音、陳怡宏譯，《平埔蕃調查書》，頁 68。

15　翁佳音、陳怡宏譯，《平埔蕃調查書》，頁 59。

16　翁佳音、陳怡宏譯，《平埔蕃調查書》，頁 134。

17　劉千嘉，〈臺灣都市原住民的族群通婚：社會界線的世代差異〉；劉千嘉、章英華，〈台灣原住民的族群婚配類型：世代效果、代間傳承與族群差異〉。

18　黃樹仁，〈沒有唐山媽？拓墾時期臺灣原漢通婚之研究〉，《臺灣社會研究季刊》，93（2013 年 12 月），頁 5。

19　Peter Blau, *Inequality and Heterogeneity*, pp.20-26; Peter Blau, Terry Blum, and Joseph Schwartz, "Heterogeneity and Intermarriage."

20　劉千嘉，〈臺灣都市原住民的族群通婚〉；劉千嘉、章英華，〈台灣原住民的族群婚配類型〉。

21　臨時臺灣戶口調查部，《臨時臺灣戶口調 集計原表（全島之部）》（臺北：該部，1907），頁 1。

22　這有取樣偏誤的問題。平埔女性一旦嫁到村外的漢人家庭，其子孫就不會被她問到。

23　Melissa Brown, *Is Taiwan Chinese?* pp.73, 96.

24　Melissa Brown, *Is Taiwan Chinese?* pp.71, 73, 96.

25　John Shepherd, *Statecraft and Political Economy on the Taiwan Frontier 1600-1800* (Stanford, California: Stanford University Press: 1993), pp.386-387.

26　Melissa Brown, *Is Taiwan Chinese?* p.67.

27　Melissa Brown, *Is Taiwan Chinese?* p.95.

28　指由基層單位向上層加總而成的數據，看不到基層單位的差異。

29　廖志軒、莊英章，〈新竹地區竹塹社民與客家漢民的互動：竹塹社錢皆只派下客家化的探討〉，收入莊英章、黃宣衛編，《客家移民與在地發展》（臺北：中央研究院民族學研究所，2018），頁 193-232。

30 段洪坤，〈當代平埔原住民族運動研究（1993-2012）〉，頁 90。

31 葉春榮，〈族群與通婚：一個台南山區村落的歷史人口學研究〉，《族群意識與文化認同：平埔族群與台灣社會大型研討會論文集》（臺北：中央研究院民族學研究所，2003），頁 311。

32 如果是漢人女性嫁入平埔家庭，所生子女繼承父親的「熟」標籤。這些子女從小在平埔社群中長大，與他們的標籤是一致的，沒有招贅婚所衍生的問題。

33 葉春榮，〈族群與通婚：一個台南山區村落的歷史人口學研究〉，頁 287-323。

34 他將一九〇五年十月一日申報制度實施前的回溯事件也算進來，最早可回溯至一八五〇年。附錄的資料顯示有 25 次跨族通婚。

35 原文寫 89 戶，但其中有 2 戶既娶進平埔女性也招入平埔男性，導致總數重複計算。筆者逕自更正。

36 葉春榮，〈族群與通婚：一個台南山區村落的歷史人口學研究〉，頁 312。

37 邱正略、康豹，〈日治時期烏牛欄庄的人口結構與族群關係〉，《近代史研究所集刊》，71（2011 年 3 月），頁 89-155。

38 洪麗完，〈台灣邊區族群交 圖像：以萬霧溪流域大湳聚落熟番婚姻關係為例（1834-1946）〉，《東海歷史研究集刊》，3（2017 年 9 月），頁 109-174。

39 洪麗完，〈台灣邊區族群交 圖像〉，頁 145。

40 Melissa Brown, *Is Taiwan Chinese?* p.73.

41 前文已指出計算婚出事件的問題。由於洪麗完未將夫的種族與妻的種族交叉列表，筆者無法驗算與重新計算。

42 詹素娟、張素玢，《臺灣原住民史平埔族史篇（北）》（南投：臺灣省文獻委員會，2001），頁 72-76。

43 一九〇五年的首次普查並未出版村落層次的種族別統計，故引用一九一五年普查的數據。

44 這個範圍不等於加禮宛等社的傳統領域或生活空間，純粹只是用來描述其周邊人口結構。

45 伊能嘉矩，《大日本地名辭書續編 · 第三臺灣》（東京：富山房，1909），頁 69。

46 潘英海，〈聚落、歷史、與意義：頭社村的聚落發展與族群關係〉，《中央研究院民族學研究所集刊》，77（1994 年 6 月），頁 89-123。

47 對於發生年代，洪麗完語帶含糊。從上下文判斷，似乎是指清代。見：洪麗完，〈大社聚落的形成與變遷（1715-1945）：兼論外來文化對岸裡大社的影響〉，頁 84。

48 湯慧敏，《再見道卡斯：苗栗縣後龍鎮新港東、西社之調查研究》（苗栗：苗栗縣政府，1998），頁 71。

49　翁佳音、陳怡宏譯，《平埔蕃調查書》，頁 59。

50　臺灣總督府總督官房統計課，《明治三十八年臨時臺灣漢譯戶口調查記述報文》，頁 232。

51　John Shepherd, *Statecraft and Political Economy on the Taiwan Frontier 1600-1800*, p.387.

52　葉春榮，〈族群與通婚：一個台南山區村落的歷史人口學研究〉，頁 311。

53　李國銘，〈關於屏東平原少數民族的二、三事〉，《臺灣史田野研究通訊》，22（1992 年 3 月），頁 63。

54　黃樹仁，〈臺灣都市化程度析疑〉。

55　黃樹仁，〈沒有唐山媽？拓墾時期臺灣原漢通婚之研究〉，頁 33。

56　廖志軒、莊英章，2018，〈新竹地區竹塹社民與客家漢民的互動〉，頁 193-232。

57　原住民族委員會，〈原民綜字第 1100067226 號〉（2021）。

5 ｜ 平埔原住民身分之謎

日據時代居住平地行政區域內，而戶籍簿種族欄記載為「熟」，……經聲請登記後，可准予登記為「平地山胞」。[1]

二〇〇九年五月二日，三千多位「平埔族人」（包含多族）走上凱達格蘭大道，要求政府還給他們原住民身分。臺南縣平埔族西拉雅文化協會理事長萬淑娟表示：「民國四十六〔一九五七〕年臺灣省政府民政廳曾頒訂『平地山胞認定標準』，指出日治時期種族為『熟』者，可以登記為平地原住民。但由於政府行政疏失，僅發函給苗栗縣、屏東縣、臺東縣與花蓮縣政府，多數平埔族人根本無法得知可以辦理原住民身分登記。」[2]翌年，她以上述理由對原住民族委員會（以下簡稱「原民會」）提起行政訴訟，後來纏訟十餘年。

這套「排除論」主張：一九五〇年代的「平地山胞身分認定」排除平埔族人，導致他們失去法定原住民身分。被告的原民會則主張「放棄論」：多數平埔族人在一九五〇年代的「平地山胞身分認

定」中自行放棄登記，因而失去原住民身分。曾任原民會主委的林江義雖然對平埔族人的處境表以同情，但仍堅守放棄論立場：

> 平埔族群為台灣山胞（原住民）的事實不論在文化上、歷史上無庸置疑，甚至行政上也是不爭的事實。然而現實上絕大部分的平埔族人並未具有行政上官方認定的原住民身分。究竟要如何合理解釋此一現象？根據文獻的記載再進一步分析，大部分的證據指向台灣省政府於民國四十五〔一九五六〕年十月頒訂《台灣省平地山胞認定標準》時，平埔族人基於外在因素，抑或主觀的意願，**委屈隱藏了自己的身分在漢人社會中**，未在法定公告登記期間即四十五年十月六日至四十五年十二月三十一日止，辦理登記。同時在以後台灣省政府令二次展期得以補登記時——四十六〔一九五七〕年五月十日至七月十日止與四十八〔一九五九〕年五月一日至四十八年六月三十日止——亦均未向當地鄉鎮市區公所辦理「平地山胞」身分登記，應該是更直接的原因。換言之，這項法令措施的頒訂以及平埔族在當時台灣主流社會充滿階級歧視，長期忍受欺壓無奈地躲在漢人背後，隱藏不為登記，應該才是其原住民身分喪失之「元兇」。[3]

　　無論排除論還是放棄論，都將多數平埔族人不具法定原住民身分的根源指向一九五〇年代的山胞身分認定，但是做出截然不同的解讀。為了釐清謎團，我藉由解答下列四個提問，梳理山胞身分認

定的來龍去脈。

（1）「山胞」指的是誰？

（2）為什麼會有山胞身分認定？

（3）山胞身分認定如何處理「平埔族」？

（4）多少平埔族人經由山胞身分認定取得山胞身分？

釐清這些問題，對於解決當代平埔原住民身分的爭議將有實質幫助。首先，我們需要撥開的第一層迷霧，是「山地同胞」這個人群類屬的由來與原始意涵。

「山胞」指的是誰？

從高砂族到山地同胞

日治後期的官方統計中，「本島人」下分「福建」、「廣東」、「其他漢人」、「平埔族」（一九三五年以前稱熟蕃）、「高砂族」（一九三五年以前稱生蕃）。[4] 這套分類體系在一九四六年出版的《臺灣省五十一年來統計提要》中被轉譯為：「本省人」下分「來自福建」、「來自廣東」、「來自他省」、「平埔族」、「高山族」。[5] 此外，歷年度《臺灣總督府統計書》中的〈高砂族戶口〉也被《臺灣省五十一年來統計提要》統整為〈歷年高山族戶口〉。[6] 顯而易見，「高山族」對應的是原「高砂族」，不包含「平埔族」在內。

以高山族作為高砂族的替代詞，也廣泛使用於戰後初期的法令當中。例如，一九四六年八月八日臺灣省行政長官公署通令各縣市政府「高山族同胞減免稅捐標準」：

查本省高山同胞，過去居住山地（行政區域外）者不課賦
稅，居住平地（行政區域內）者，照課賦稅，現蕃地雖編組
為山地鄉村，但為扶植經濟能力，仍應暫准豁免，以示體
恤，至居住山地鄉村外之高山同胞，可由各縣市政府審查其
納稅能力與實際情形，酌予征收或減免。惟平地人民，原有
納稅能力者，自不能因居住山地而免其稅捐，以防取巧規
避。[7]

　　這顯然是延續既往的高砂族租稅政策。一九四五年，臺灣總督
府總結其最後幾年的業務，編成《臺灣統治概要》。其中〈高砂族
的租稅及公課〉一節指出，除了居住於平地的部分高砂族人負擔與
一般島民相同的租稅，大部分高砂族人因經濟力貧弱，現在仍處於
不可能課稅的狀態。[8]由此可見，「高山族同胞減免稅捐標準」的適
用對象就是原高砂族，不包含「平埔族」在內。
　　一九四七年六月二十八日，臺灣省政府民政廳通報將「高山
族」改稱為「山地同胞」：

查本省山地同胞，在日治時代，備受歧視壓迫，並使集居高
山，視同化外，寖成「高山族」之名稱。光復之後，對山地
同胞，一視同仁。「高山族」名稱，應即禁止使用。以示平
等之至意。除分呈行政院通令糾正外，相應通報查照，並轉
飭所屬一體知照為荷。[9]

一九四八年五月十九日，民政廳重申「高山族」應改稱「山地同胞」，並解釋山地同胞指的就是日治時代的高砂族：

> 查過去日治時代稱呼山地同胞為「高山族」「高砂族」或「蕃族」，含有歧視觀念，前經省府委員會第五次會議議決禁止使用是項名稱，並規定嗣後應悉稱為「山地同胞」……。惟查遍來各地民間仍多以「高山族」「高砂族」「蕃族」等稱呼山地同胞，殊有未合，為尊重山地同胞地位，並融洽感情起見，對於此類名稱亟應禁絕使用，合行電希注意糾正為要。[10]

爾後，臺灣省政府又四度重申不得稱呼山地同胞為「高山族」、「高砂族」或「蕃族」。[11]透過這些反覆宣示，當可確認日治時期的高砂族到了戰後先稱為高山族，再改稱山地同胞。因此，山地同胞的原始意涵不包含原先的平埔族，殊無疑義。

官方不承認原住民族

「高山族」改稱「山地同胞」看起來換湯不換藥，實則有重大差異。高山族仍然是族；山地同胞則不是族，只是中華民族的同胞。戰後初期建構山地行政的靈魂人物張松，將這種見解表露無遺：「山地同胞係中華民族的一支（越族）。與閩粵人民，祖先相同。」[12]

一九四八年七月，臺灣省政府曾設立「山地行政處」，對應日

治時期警務局理蕃課，綜理山地同胞一切事務。其處長由警務處長
王成章兼任，實際領導人則是擔任副處長的張松。不過，一九四九
年四月山地行政處便遭到裁撤，原因是主張將山地業務融入一般行
政體系的方針取得上風。臺灣省政府另外設立「山地行政指導
室」，作為各機關溝通山地行政的橋梁，由張松擔任主任。於是張
松巡迴於各機關以及臺灣省訓練團，講授山地行政課程。一九五二
年，他將心得寫成《臺灣山地行政要論》（翌年出版），封面書名由
當時行政院長陳誠親筆題字。由此可見，這本書代表了當時官方見
解。

　　對於卑南族人南志信曾提議將高山族改為「臺灣族」一事，張
松堅決反對。他在書中寫道：「前些時，有人建議改稱為『臺灣
族』，表示係臺灣原住的民族。但山地同胞根本不是另外一種民
族。」[13] 對於過去臺灣總督府區分七個族的做法（今泰雅、賽夏、布
農、鄒、排灣、阿美、雅美），張松表示：「這種分類，祇能作為行
政上的區分。所以如果有人說這七種族是山地七種的小民族，那是
和誤認山地同胞為另一民族，患著同樣的錯誤的。」[14]

　　官方既不承認山地同胞為原住民族，那麼如何看待山地同胞
呢？張松表示：

　　　　山地行政是保護行政。在山地同胞一切水準未及平地之前，
　　　　為便利施政，還有加以識別的必要。這種識別，祇有便利山
　　　　胞享受保護的權利，與其人格並無妨碍。再從實際言，冠以
　　　　「山地」不過表明其祖先原住地，與稱某省人或某地方人相

若，而仍同樣不失為國民的身份。[15]

關於山地行政的範圍，張松寫得非常明白：

> 山地行政，就是日據時代所謂「理蕃事業」。……是以所謂
> 「生蕃」區域為對象。所謂「熟蕃」和「化蕃」則歸普通行
> 政區域治理。[16]

既然官方不承認原住民族，為什麼還要辦理山胞身分認定呢？
答案已呼之欲出。

為什麼會有山胞身分認定？

前文指出，臺灣省行政長官公署曾通令高山族居住於山地鄉者
免稅，但平地人居住於山地鄉者照課賦稅。這項原則在臺灣省政府
成立之後又重申一次。[17] 一九五三年三月九日，臺灣省政府頒訂更
周延的「山地籍同胞征免租稅原則」，規定：「山地籍同胞住居在山
地行政區域以內者，除印花稅外，各項稅捐均暫准免征」、「遷居山
地行政區域之平地同胞及在地之法人，均應依法報納各項稅捐」。[18]
至於移居平地之山胞，僅限耕種「經核准為山胞耕用之保留地」者
豁免田賦與地租，待保留地完成水利建設而予以放領之後，就得開
始繳稅。

這項措施原意為扶植山地同胞的經濟能力，但在欠缺法令規範

山胞身分的當時，反而給予漢人逃漏稅的空間。例如，一九五三年三月二十四日臺灣省政府答覆臺東縣政府：「關於該縣山地鄉常有商人假借山胞名義免稅屠宰牲畜銷售圖利一節，……，由該管鄉（鎮）公所負責嚴密查緝稽征，以防逃漏。」[19] 當時山胞身分認定不夠明確而造成逃漏稅的情節，由此可見一斑。

除了租稅減免外，政府給予山地同胞的特殊權益還包括升學優惠。一九五一年六月十四日，臺灣省政府教育廳通令省立專科以上學校、各縣市（局）政府，並抄副本送國立臺灣大學：「臺灣省山胞學生可酌予從寬錄取。」[20] 然而，在欠缺法令規範山胞身分的當時，誰可以從寬錄取？誰不可以從寬錄取？這顯然容易滋生糾紛。

攸關山胞身分的另一項特殊權益是選舉保障。按一九五〇年四月十四日頒訂之「臺灣省各縣市實施地方自治綱要」，縣市議員名額為：「山地鄉每鄉選出議員一名。」[21] 如此，居住於山地鄉的漢人是否可投山地鄉議員選票？這在編造選舉人名冊時易生困擾。因此，該法令於第二屆縣市議員選舉開辦前的一九五二年十一月四日修訂為：「山地鄉每鄉選出議員一名；但以山地同胞為限。」[22] 然而，山地同胞應如何認定，仍然沒有明文規定。再者，「居住平地之山地同胞在五百人以上不滿五千人者，選出議員一名，滿五千人者，每加五千人增選一名。」[23] 但居住於平地之山地同胞應如何與漢人區別呢？同樣沒有明文規定。

在省議員方面，按一九五一年八月二十九日頒訂之「臺灣省臨時省議會組織規程」，一般議員採直接選舉；山胞議員採間接選舉：「居住平地之山地同胞選出之縣市議員，聯合選出臨時省議會

議員一名，另由山地鄉選出之縣議員聯合選出臨時省議會議員二名。」[24] 亦即，山地同胞不能直接票選省議員。但在欠缺法令規範山胞身分的當時，若有人在縣市議員選舉中投過山胞議員，隨後又在臨時省議會選舉中投一般議員，其意志將在選出省議員的過程中表達兩次。

一九五三年八月二十二日，臺灣省政府修訂「臺灣省臨時省議會組織規程」，將第二屆臨時省議會之山胞議員改為直接選舉：「各縣市居住平地之山地同胞聯合選出臨時省議會議員一名，各縣市居住山地鄉之山地同胞聯合選出臨時省議會議員二名，當選人及候補人均以山地同胞為限。」[25] 然而，如同縣市議員選舉的問題，山胞身分如何認定易困擾選舉人名冊的編造。

一九五四年，臺中縣選舉事務所編造第二屆臨時省議會議員的選舉人名冊時，便遭遇山胞身分認定的疑義，於是請示臺灣省政府：「居住平地之平埔族應視為平地人抑或山地同胞？」臺灣省政府於四月九日答覆：「居住平地之平埔族應視為平地人，列入平地選民名冊。」[26] 有論者以為這道行政命令使「平埔族」從此喪失原住民身分。[27] 其實，這道命令僅發給臺中縣選舉事務所。何況，山地同胞是高砂族的延續，原本就不包含平埔族，故不存在排除平埔族的問題。臺灣省政府對於山地同胞即為原高砂族的看法，前後一致。

附帶一提，山地鄉長依照慣例亦由山地山胞擔任。但直到一九五九年十月二日頒訂之「臺灣省各縣市公職人員選舉罷免規程」始明文規定：「山地鄉鄉長候選人以山地山胞為限」，[28] 當時山

地山胞的身分認定業已完成。

　　總而言之，山地同胞享有延續自日治時代的租稅減免，再加上
升學優惠、選舉保障等特殊權益，於是在行政上有認定其身分之需
求。[29] 這就像省籍身分在一九九二年以前攸關中央民意代表名額、
高普考錄取名額等權益，因此《戶籍法》明文規定省籍身分的認定
方式。[30] 反觀「平埔族」與本省籍漢人在行政上毫無差別，因此政
府不曾認定平埔族身分，就如同不曾認定福佬人、客家人的身分。
顯然，山地同胞的特殊權益是促使政府辦理山胞身分認定的主要原
因。

山胞身分認定如何處理「平埔族」？

山地山胞認定

　　第二屆臨時省議會議員選舉定於一九五四年四月十八日及五月
二日分兩次投票。[31] 這次選舉，首次由山地同胞直接選出山胞議
員。為了避免選舉人名冊的編造出現疑義，山胞身分需要更明確規
範。因此，臺灣省政府於二月九日正式訂定法令上所謂「山地同
胞」的範圍：

　　　一、查現住山地行政區域內十二萬餘人口中有三萬三千餘之
　　　　　平地人，此項平地人中尚有部份與山地同胞有血親姻親
　　　　　收養認領準正等關係，判別為山胞抑為平地人，時生困
　　　　　擾，易起糾紛。

二、茲特規定法令上所謂「山地同胞」之範圍如次：「凡原
　　籍在山地行政區域內而其本人或父系直系尊親屬（父為
　　入贅之平地人者從其母）在光復前日據時代戶籍簿種族
　　欄登載為高山族（或各族名稱）者，稱為山地同胞。[32]

　　按照這套辦法，設籍於山地行政區域但非高山族（高砂族）
者，固然不屬於山地同胞；原籍位於平地行政區域的阿美族與卑南
族，是否也被排除於「山地同胞」的範圍之外呢？有論者據此認為
阿美族、卑南族在戰後初期不具原住民身分。[33]其實，從前後脈絡
來看，這套辦法只適用於山地行政區域內。
　　首先，法令宗旨提到要解決的是山地行政區域內的問題。第
二，按一九五三年修訂之「臺灣省臨時省議會組織規程」規定：
「各縣市居住平地之山地同胞聯合選出臨時省議會議員一名」。[34]若
將大多數居住於平地的山地同胞除名，這一席議員要如何選出呢？
第三，臺灣省政府於一九五五年二月十日發布「臺灣省政府輔導平
地山胞生活計劃」，實施地區為：「花蓮縣計光復、瑞穗、豐濱、吉
安、壽豐、富里、鳳林、新城、花蓮、玉里等十鄉鎮市；臺東縣計
卑南、東河、長濱、太麻里、池上、鹿野、大武、成功、關山、臺
東等十鄉鎮；苗栗縣計南庄鄉一鄉。」[35]由此可見，這些平地行政區
域內的山胞並未被一九五四年的認定辦法剝奪山胞身分。

平地山胞認定

　　一九五四年的認定辦法顯得相當匆促，且未處理平地山胞。省

政府民政廳遂於一九五五年擬定較周延的「臺灣省山胞身份認定標準」草案，同時涵蓋山地山胞與平地山胞，並提送臨時省議會審議。臨時省議會認為此案未經省府委員會通過，在一九五六年三月五日的大會中決議「不予審議」。[36] 隨後，五月九日召開的省府委員會議決定：「山地情形特殊，為適應實際需要，擬定之行政命令不屬單行法規，似可免送臨時省議會審議。」[37] 於是，此案交回民政廳法制室研擬。法制室認為，既然一九五四年已公告山地山胞認定辦法，為避免重複，此次修法只處理平地山胞。因此，「臺灣省山胞身份認定標準」草案修訂為「臺灣省平地山胞認定辦法」草案。[38]

　　一九五六年十月三日，臺灣省政府通令臺北、桃園、新竹、苗栗、南投、高雄、屏東、臺東、花蓮等縣政府：

　　　茲訂定臺灣省平地山胞認定標準如後：
　　　1. 凡日據時代居住平地行政區域內，其原戶口調查簿記載為「**高山族**」者，為平地山胞。
　　　2. 確係平地山胞，而原戶口調查簿漏失，無可考察者，得檢具足資證明文件及平地山胞二人之保證書，向鄉鎮市區公所申請登記為平地山胞。
　　　3. 平地山胞之身分，不因與山地山胞或平地人結婚（包括入贅）而變更。
　　　4. 平地山胞與山地山胞或平地人結婚所生子女之身分，從父系，其係入贅所生子女身分，則從母系。……

5. 凡符合於第一點規定條件之平地山胞，應於命令到達公告
　　後，向當地鄉鎮市區公所申請為平地山胞之登記，……前
　　項登記期間，自公告日起，至四十五〔一九五六〕年十二
　　月卅一日止。[39]

　　這套標準並未納入「平埔族」，顯示臺灣省政府認為山地同胞
即為原高砂族的看法相當一致。十二月二十七日，省政府民政廳再
次解釋：「本省平地山胞認定標準第一項第一款所指『高山族』，係
包括『高砂族』及『阿眉族』而言。」[40]

　　相較於山地山胞直接獲得官方認定，平地山胞得經由「申請登
記」的手續才完成認定。臺灣省政府反覆重申：「本人如不願申請
登記為平地山胞者，自無予以登記為『平地山胞』之必要。」[41]「查
當事人如不願登記為平地山胞者，自無強予登記之必要。」[42]「原為
平地山胞如不願申請登記為平地山胞者，得以平地居民數計算。」[43]
「原為平地山胞，此次登記期間，不願申請登記為平地山胞者，無
強予登記之必要，前經核復有案。」[44]「當事人如不願登記為『平地
山胞』者，自無強予登記之必要，仍應視為平地人民。」[45]

　　表面上，平地山胞認定好像較具開放性與自主性。但從政府須
反覆重申不得強迫個人登記來看，實務上應該是以集體登記為主。
考量當時平地山胞大多不識中文、聽不懂華語，應該很難自行登
記，比較可能是由地方頭人代為集體登記。

「平埔族」獲准登記為平地山胞

　　既然山地同胞不包含「平埔族」，山胞身分認定打從一開始就與「平埔族」無關。然而，屏東縣滿州鄉的特殊情況撞開一道門，讓「平埔族」獲得加入平地山胞的機會。滿州鄉原住民屬於排灣族、排灣化卑南族（斯卡羅），還有一些阿美族。瑯嶠十八社中勢力最強大的豬勝束社與射麻里社，都位於滿州鄉境內。[46] 一九○五年這些原住民已歸平地行政區域管轄，於是戶口調查將他們的種族認定為「熟蕃」，後於一九三五年改稱「平埔族」。按照平地山胞認定標準，這些排灣族、阿美族人不符資格。於是屏東縣政府詢問上級，種族欄記載為「熟」者可否認定為平地山胞？

　　臺灣省政府於一九五七年一月二十二日答覆屏東縣政府，並同時發給可能會遭遇類似問題的苗栗、臺東、花蓮等縣政府：

> 日據時代居住平地行政區域內，而戶籍簿種族欄記載為「熟」，於光復後繼續居住平地行政區域者，應否認定平地山胞乙節，應依照「平地山胞認定標準」第一項第一款之規定，經聲請登記後，可准予登記為「平地山胞」。[47]

　　三月十一日，臺灣省政府民政廳再次答覆屏東縣政府關於平地山胞登記疑義案，並將副本抄送各縣政府：「日據時代居住於平地，其種族為『熟』者，應認為平地山胞。」[48]

　　前述西拉雅族人萬淑娟控訴政府的理由，便是第一道解釋令未發給臺南縣政府。然而，第二道解釋令的副本曾發給臺南縣政府。

無論如何，這兩道解釋令提出的時候，平地山胞登記期間（一九五六年十月三日至十二月三十一日止）業已結束。若無補救機會，「平埔族」是來不及登記為平地山胞的。

補辦平地山胞登記

一九五七年五月十日，臺灣省政府公告補辦平地山胞登記：

> 近部份縣市請求以尚有部份平地及山地區域平地山胞，因各種原因，未能及時申請登記及未辦登記者，茲為謀補救起見，特規定自本年五月十日起，至七月十日止，兩個月內，准予補辦登記，逾期概不准再補辦登記。[49]

一九五九年四月九日，臺灣省政府通令各縣市政府，給予第二次補辦平地山胞登記的機會：

> 近據部份縣市請求以：尚有部份平地山胞因各種原因未能及時申請登記及未辦理平地山胞登記，茲為謀補救起見，特規定自四十八〔一九五九〕年五月一日起至四十八年六月卅日止，准予補辦聲請平地山胞登記，逾期概不准再補辦登記手續。[50]

一九六三年八月二十一日，臺灣省政府再次通令各縣市政府補辦平地山胞登記，這是最後一次機會了：

> 惟近迭據陳情，尚有部份平地山胞在前項規定期間因各種原
> 因，未能及時聲請登記，致未獲得平地山胞身分，茲為謀補
> 救起見，特規定自五十二〔一九六三〕年九月一日起至
> 五十二年十月三十一日止，准再補辦聲請平地山胞登記。[51]

　　表面上，有意登記為平地山胞的平埔族人共獲得三次機會。如
果經過三次展期皆未登記，似乎是不願意登記為平地山胞，無論其
原因有多麼委屈。不過，這三次補辦登記皆未追認先前的兩道解釋
令，更未明文指出「平埔族」（熟）准予登記為平地山胞。那麼，
經過三次補辦登記之後，究竟有多少平埔族人登記為平地山胞呢？

多少平埔族人經由山胞身分認定取得山胞身分？

一九五六年人口普查

　　就在平地山胞認定展開的前夕，一九五六年九月舉行的人口普
查蘊含「平埔族」人口重要訊息。這是中華民國政府在臺灣舉行的
第一次人口普查，以九月十六日午前零時為標準時刻。[52] 按「中華
民國台閩地區戶口普查實施方案」，調查項目應包含：「台省籍人
口，除填其縣市籍外，另填其祖籍，山地同胞填其族系。」[53] 根據這
項規定，行政院戶口普查處進一步制訂「填表須知」：

> 「祖籍」限臺灣省籍者填寫，凡來自福建者填「福建」，來自
> 廣東者填「廣東」，凡來自浙江者填「浙江」，餘類推，如申

報義務人不能答復時，由普查員就其語系判別之。山地同胞在「祖籍」下填其族系之名稱，如：泰雅族、賽夏族、布農族、曹族、排灣族、魯凱族、雅美族、阿美族、卑南族等。[54]

隨後，在印發給普查人員的《戶口普查人員手冊》當中，關於「祖籍欄」的填記方法有更明確的規範：

山地同胞之族系為泰雅、賽夏、布農、曹、排灣、魯凱、雅美、阿美、卑南等，就其所屬之一族系填寫於祖籍空格內。[55]

前文一再指出，山地同胞不包含「平埔族」，故其族系名稱列舉原屬高砂族的九族，相當順理成章。甚至，按照上述規範，族系的填寫僅限定於九族，連「其他」的空間都沒有。因此，平埔族人除非以九族之一的名義填寫，否則只能就其常用語言填寫為「福建」或「廣東」。

王甫昌認為：「國民政府對於台灣省籍人士籍別分類也相當武斷，特別是取消平埔族類屬的決定。……對於此一特別的人群類屬在一九五六年戶口普查中消失，國民政府連正式的說明或給訪員的指示都沒有。」[56]事實上，「平埔族」這個人群類屬自從戰後就不曾獲得官方認定，並不是到了一九五六年普查時才決定取消。反倒是，行政院戶口普查處在〈戶口普查疑難問題解答彙編〉中承認「平埔」：

> 問：本省籍中「平埔族」（本島原住民，已平地化）之「祖
> 　　籍」應如何填記？
> 答：填寫「平埔」。[57]

　　這個補充說明出版於八月十五日，而普查人員分區講習的期間
為八月十一日至八月底。[58] 因此，這個訊息應有足夠時間傳達給大
部分普查人員，並於九月的普查中採用。

　　「填表須知」規定：「普查員應將申報義務人回答之事實，直接
記入普查表」[59]；「普查員於預查完畢後，應複述一次，經申報義務
人認可後，請其在規定處蓋章。」[60] 因此，平埔族人在祖籍欄中無論
是填寫「平埔」，或是以九族之一的名義填寫，或是就其常用語言
填寫「福建」或「廣東」，按規定是自己選擇的。即使申報義務人
無法回答而由普查員代為判定，也得聽過普查員複述，並親自蓋章
認可。[61] 由此可見，在《戶口普查人員手冊》未預設「平埔」選項
的情況下，仍然選擇填寫「平埔」的人，應當具有相當程度的平埔
認同。

族系未詳的訊息

　　一九五六年九月辦理普查時還允許填寫「平埔」，但一九五九
年十月出版普查結果時，關於本省籍祖籍與族系的統計表格中卻未
出現「平埔」類別。該表於「族系」下分九族及「未詳」，共十個
類別。[62] 那些在普查時填寫「平埔」的人口，在這個表格中只能放
入「族系未詳」一欄了。

　　事實上,「族系未詳」人口分布確實與「平埔族」的聚居地吻合。圖 5-1 根據一九三五年普查結果,描繪「平埔族」人口分布。圖 5-2 根據一九五六年普查結果,描繪「族系未詳」人口分布。兩相對照,其相似性是毫無疑問的。「族系未詳」人口超過 500 人的鄉鎮包括:苗栗縣後龍鎮,南投縣埔里鎮,臺南縣的白河、大內、新化、左鎮四鄉鎮,高雄縣的內門、六龜二鄉,屏東縣的潮州、萬巒二鄉鎮,臺東縣長濱鄉,花蓮縣的玉里、富里二鄉鎮。顯而易見,這些鄉鎮都是「平埔族」的聚居地。

　　不過,「族系未詳」人口總數為 27,009,意味填寫「平埔」的人口至多只有 27,009 人,遠少於一九四三年的平埔族人口總數 62,119。[63] 詹素娟推論這「固然可以視為十三年間有高達半數以上的人口流失,卻也說明仍有 43.47% 比例的人口維持其『熟番』的認知,尤其是認同。……有五成多的平埔族,在戶口普查時以『常用語』偏『福』或『廣』,而分別納入『祖籍福建』或『祖籍廣東』的人群。」[64] 事實上,原平埔族人除了填寫「平埔」而被放入「族系未詳」,或是填寫「福建」、「廣東」之外,還有第三種可能:以九族之一的名義填寫祖籍欄。

　　以南投縣魚池鄉為例,當地於一九三五年時有平埔族 210 人、高砂族 34 人;[65] 到了一九五六年時有曹族(按:鄒族)152 人,「族系未詳」7 人。[66] 顯而易見,魚池鄉原平埔族人大多以曹族的名義填寫祖籍欄。這不排除是受到普查員的引導,或根本就是普查員代為判定。事實上,這些人的祖先(水社化番)直到一九〇五年才由化番編入熟蕃,[67] 其認同應有別於一般「平埔族」。目前,他們

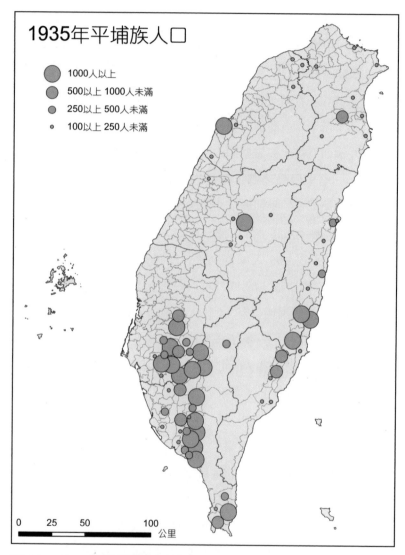

圖5-1：1935年平埔族人口分布

資料來源：臺灣總督府官房臨時國勢調查部編，《昭和十年國勢調查結果表》（臺北：臺灣總督府官房臨時國勢調查部，1937），頁158-307。

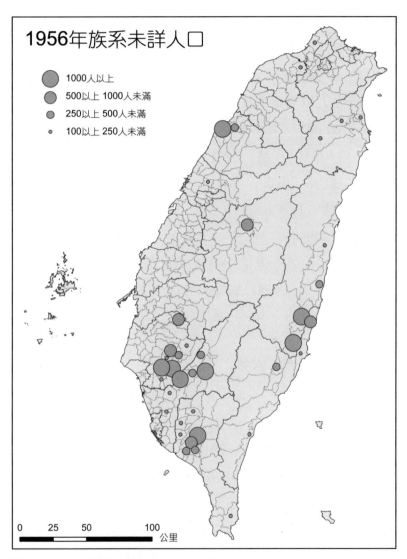

圖5-2：1956年族系未詳人口分布

資料來源：臺灣省戶口普查處編，《中華民國戶口普查報告書》第二卷第一冊，頁321-608。

已正名為邵族。

　　另一個經典案例是屏東縣滿州鄉，當地於一九三五年時有平埔族 1,512 人、高砂族 81 人；[68] 到了一九五六年時有排灣族 767 人，阿美族 191 人，「族系未詳」179 人，以上三者合計 1,137 人。[69] 由此可見，滿州鄉原平埔族人填寫「排灣」者最多，一些人填寫「阿美」，一些人填寫「平埔」而被放入「族系未詳」，還有一些人可能填寫「福建」或「廣東」。事實上，這些排灣族、阿美族只不過是在一九〇五年以後被當成熟蕃，與一般意義的「平埔族」（清代熟蕃後裔）相當不同。

　　無論如何，「族系未詳」揭露的重要訊息是：一九五六年時至多還有 27,009 人在無預設選項的情況下回答自己是平埔族。換言之，當時「平埔族」不像林江義說的都「躲在漢人背後」。

平地山胞人口比對（西部）

　　那麼，究竟有多少平埔族人登記為平地山胞？詹素娟曾比對一九三五年平埔族人口與一九五八年平地山胞人口，得出臺灣西部最多只有 1,306 個平埔族人登記為平地山胞。[70] 本節以鄉鎮為單元，進行更細緻的比對。如同前述，平地山胞登記期間為一九五六年十月三日至十二月三十一日；第一次補辦登記期間為一九五七年五月十日至七月十日；第二次補辦登記期間為一九五九年五月一日至六月三十日；第三次補辦登記期間為一九六三年九月一日至十月三十一日。根據一九五九年度《臺灣省戶籍統計要覽》，我們可以掌握第二次補辦登記完成後各鄉鎮之平地山胞人口。[71] 一九五九年

底的統計資料在時間上仍然接近一九五六年普查，有利於比對。可惜的是，第三次補辦登記完成後的一九六三與一九六四年度《臺灣省戶籍統計要覽》未揭載各鄉鎮之平地山胞人口。[72] 我找到民政廳編製但未出版的一九六四年度《臺灣省戶口統計》，當中揭載年底各鄉鎮之平地山胞人口，可用來比對最後一次補辦登記完成後的狀況。[73]

　　表 5-1 列出西部平地山胞主要分布地於一九三五年普查之平埔族、高砂族人口，一九五六年普查之「族系未詳」、九族人口，以及一九五九年底、一九六四年底之平地山胞人口。為了凸顯重點，表 5-1 僅列出平地山胞大於 20 人的十八個鄉鎮。這十八個鄉鎮已涵蓋臺灣西部大部分平地山胞人口。[74]

　　首先比對的是一九五九年底平地山胞人口除以一九三五年高砂族人口的比值，亦即 C 欄除以 A 欄。這個比值如果異常偏高，不外乎兩種可能。其一，一九三五至一九五九年間有大量高砂族人口遷入此地。其二，若無高砂族人口移入，且當地原有大量平埔族人口，則暗示原平埔族人登記為平地山胞。我們可以發現，南投縣魚池鄉（4.91）、水裡鄉（12.86），屏東縣車城鄉（12.71）、滿州鄉（12.67）的平地山胞人口遠多於高砂族人口，但與原有平埔族人口差距不大。這四個鄉鎮應是（日治戶口制度定義的）平埔族人最可能登記為平地山胞的地方。其中，魚池鄉、水裡鄉（後改稱水里鄉）的平地山胞目前已正名為邵族；滿州鄉、車城鄉的平地山胞主要歸類為排灣族或阿美族。

　　苗栗縣南庄鄉（1.87）有大量高砂族人口遷入的狀況，[75] 故無

表5-1：西部平地山胞主要分布地之人口比對

縣	鄉鎮	1935年普查		1956年普查		平地山胞		C/A	C/B	D/C
		平埔族	高砂族 A	族系未詳	九族 B	1959 C	1964 D			
宜蘭	蘇澳鎮	241	776	62	139	107	42	.14	.77	.39
新竹	關西鎮	4*	186*	0	254	260	270	1.40	1.02	1.04
	橫山鄉	2	42	0	46	59	69	1.40	1.28	1.17
	北埔鄉	6	36	0	53	36	33	1.00	.68	.92
	峨眉鄉	1	36	0	26	31	33	.86	1.19	1.06
苗栗	南庄鄉	62*	953*	1	1683	1779	2075	1.87	1.06	1.17
	獅潭鄉	17	95	24	143	162	185	1.71	1.13	1.14
南投	魚池鄉	210	34	7	165	167	225	4.91	1.01	1.35
	水裡鄉	110*	7*	73	1	90	96	12.86	90.00	1.07
高雄	六龜鄉	2757	10	2500	80	41	62	4.10	.51	1.51
	甲仙鄉	1829	4	470	22	22	32	5.50	1.00	1.45
屏東	屏東市	538	31	249	147	127	131	4.10	.86	1.03
	高樹鄉	1079	20	10	14	33	26	1.65	2.36	.79
	萬巒鄉	2342	22	3543	16	35	37	1.59	2.19	1.06
	內埔鄉	1989	20	31	398	31	15	1.55	.08	.48
	枋寮鄉	1499	29	20	92	79	76	2.72	.86	.96
	車城鄉	157	7	0	106	89	137	12.71	.84	1.54
	滿州鄉	1512	81	179	997	1026	916	12.67	1.03	.89

* 利用大字數據按 1956-1964 年之鄉鎮範圍計算。
資料來源：臺灣總督府官房臨時國勢調查部編，《昭和十年國勢調查結果表》，頁 158-307；臺灣省戶口普查處編，《中華民國戶口普查報告書》第二卷第一冊，頁 321-608；臺灣省民政廳編，《臺灣省戶籍統計要覽（民國四十八年至五十年年報）》，頁 104-111；民政廳編，《臺灣省戶口統計（民國五十三年）》，無頁碼。

法確定是否有（日治戶口制度定義的）平埔族人登記為平地山胞。[76] 屏東市一九五九年底的平地山胞人口多於一九三五年的高砂族人口（4.10），很可能是高砂族遷移至都市的結果。高雄縣六龜鄉（4.10）、甲仙鄉（5.50）的山胞主要是布農族，[77] 可能是從荖濃溪上游遷入的。宜蘭縣蘇澳鎮一九五九年底的平地山胞人口遠少於一九三五年的高砂族人口（0.14），原因是一九三五年位於蘇澳庄境內的南澳社與東澳社於戰後劃歸南澳鄉管轄。[78]

　　第二個比對是一九五九年底平地山胞人口除以一九五六年九族人口的比值，亦即 C 欄除以 B 欄。這個比值如果異常偏高，顯示有許多一九五六年時未被歸類為九族的人口登記為平地山胞。水裡鄉一九五九年底平地山胞人口遠多於一九五六年九族人口（90 倍），顯示「族系未詳」人口後來登記為平地山胞。另一個異常狀況發生於屏東縣內埔鄉，當地一九五九年底平地山胞人口遠少於一九五六年九族人口（8%）。原因是當地有一批戰後遷入的山地山胞，不屬於平地山胞。移住地後來劃歸瑪家鄉三和村。[79]

　　第三個比對是一九六四年底平地山胞人口除以一九五九年底平地山胞人口的比值，亦即 D 欄除以 C 欄。這個比值愈高，則有人於最後一次補辦登記時成為平地山胞的可能性愈大。魚池鄉（1.35）與車城鄉（1.54）依然是可能性最大的地方；六龜鄉與甲仙鄉的比值雖高，但增加的人口很少。滿州鄉似乎有 100 人左右放棄平地山胞身分，這呼應臺灣省政府民政廳給屏東縣政府的答覆：「貴縣滿州鄉平地山胞潘春娥等十人申請改為平地籍一節，准予照辦。嗣後平地山胞申請改為平地籍事宜，……無需先行報廳核

准。」[80]

詹素娟曾以一九五八年底西部平地山胞 4,483 人扣除南庄、魚池、水裡、滿州等鄉平地山胞 3,177 人，推論：「願意登錄為平地山胞的熟番應在 1,306 人之內。」[81] 事實上，這 1,306 人大多不是熟番（平埔族）。以新竹縣關西、橫山、北埔、峨眉等鄉鎮為例，當地平地山胞大部分原本就是高砂族。按照本節的比對，臺灣西部只有魚池、水裡、車城、滿州等四鄉有明顯跡象顯示（日治戶口制度定義的）平埔族人集體登記為平地山胞，其人數大約在 1,300 左右。但這些人是一九〇五年以後才歸為熟蕃（平埔族），有別於一般「平埔族」。除了這四個鄉鎮，人口統計無法證明臺灣西部其餘地方有平埔族人登記為平地山胞。我們不能排除其餘地方有個別平埔族人登記為平地山胞，此類案例只能透過戶籍資料檢驗。

平地山胞人口比對（東部）

臺灣東部「平埔族」與阿美族混居，難以透過鄉鎮層次的比對確認平埔族人是否登記為平地山胞，但也不是毫無頭緒。表 5-2 列出東部二十個平地山胞鄉鎮於一九三五年普查之平埔族、高砂族人口，一九五六年普查之「族系未詳」、九族人口，以及一九五九年底、一九六四年底之平地山胞人口。這二十個鄉鎮涵蓋了臺灣東部大部分平地山胞人口。[82]

首先比對的是一九五九年底平地山胞人口除以一九三五年高砂族人口的比值，亦即 C 欄除以 A 欄。我們可以發現，關山、池上、長濱、玉里、壽豐、豐濱、富里等鄉鎮不但比值偏高（皆大於

表5-2：東部平地山胞主要分布地之人口比對

| 縣 | 鄉鎮 | 1935年普查 | | | 1956年普查 | 平地山胞 | | | | |
		平埔族	高砂族 A	族系未詳	九族 B	1959 C	1964 D	C/A	C/B	D/C
臺東	臺東鎮	181*	4354*	64	5560	5413	6210	1.24	.97	1.15
	成功鎮	248	5596	149	7847	8417	9933	1.50	1.07	1.18
	關山鎮	509	971	333	2153	2257	3040	2.32	1.05	1.35
	卑南鄉	139*	6452*	59	9304	9404	10604	1.46	1.01	1.13
	鹿野鄉	235	1553	35	2218	2339	2687	1.51	1.05	1.15
	池上鄉	787	1127	29	2420	2419	2582	2.15	1.00	1.07
	東河鄉	9	4011	68	5987	6186	7453	1.54	1.03	1.20
	長濱鄉	1478	3431	575	5751	6029	7423	1.76	1.05	1.23
	太麻里鄉	75	2764	181	3716	3844	4169	1.39	1.03	1.08
	大武鄉	14	1377	1	2251	2427	2962	1.76	1.08	1.22
花蓮	花蓮市	289*	1533*	94	2410	2351	2799	1.53	.98	1.19
	鳳林鎮	52*	733*	5	1641	1668	2135	2.28	1.02	1.28
	玉里鎮	1258	4591	1555	8207	8520	9682	1.86	1.04	1.14
	新城鄉	327*	388*	66	629	668	699	1.72	1.06	1.05
	吉安鄉	113*	3282*	2	4487	4596	5394	1.40	1.02	1.17
	壽豐鄉	266*	2546*	128	4700	4905	5677	1.93	1.04	1.16
	光復鄉	104*	5715*	3	7175	7204	8122	1.26	1.00	1.13
	豐濱鄉	405*	2240*	379	3584	4217	5253	1.88	1.18	1.25
	瑞穗鄉	72*	3565*	29	4786	4786	5473	1.34	1.00	1.14
	富里鄉	3118	746	1539	2005	1884	2298	2.53	.94	1.22

* 利用大字數據按 1956-1964 年之鄉鎮範圍計算。
資料來源：同表 5-1

1.75），且當地原有大量平埔族人口。這是否意味當地有平埔族人登記為平地山胞？由於平埔族與阿美族混居，這個問題有待戶籍資料加以解答。

第二個比對是一九五九年底平地山胞人口除以一九五六年九族人口的比值，亦即 C 欄除以 B 欄。顯而易見，比值偏高的只有豐濱鄉（1.18）。這顯示豐濱鄉的「族系未詳」人口後來登記為平地山胞，使一九五九年底平地山胞人口多於一九五六年九族人口。這些「族系未詳」人口應當是噶瑪蘭族人。

第三個比對是一九六四年底平地山胞人口除以一九五九年底平地山胞人口的比值，亦即 D 欄除以 C 欄。關山、長濱、豐濱、富里等平埔族聚居地的比值偏高（皆大於 1.20），是否意味當地有平埔族人在最後一次補辦登記時成為平地山胞呢？由於平埔族與阿美族混居，這個問題也有待戶籍資料加以解答。

結論

一九五四年的山地山胞認定辦法與一九五六年的平地山胞認定標準，到了一九八〇年整合為「臺灣省山胞身分認定標準」。[83] 一九九一年，內政部根據上述認定標準，頒訂位階更高的「山胞身分認定標準」。[84] 一九九四年，隨著憲法增修條文承認原住民，「山胞身分認定標準」也改稱「原住民身分認定標準」。[85] 到了二〇〇一年，原本的行政命令再由法律位階的《原住民身分法》取代。[86] 雖然位階不斷提高，名稱也由「山胞」改為「原住民」，但一九五〇年

代認定標準的基本精神一直延用下來。按《原住民身分法》規定：

一、山地原住民：臺灣光復前原籍在山地行政區域內，且戶口
調查簿登記其本人或直系血親尊親屬屬於原住民者。

二、平地原住民：臺灣光復前原籍在平地行政區域內，且戶口
調查簿登記其本人或直系血親尊親屬屬於原住民，並申請
戶籍所在地鄉（鎮、市、區）公所登記為平地原住民有案
者。

　　由此可見，當代官方對於原住民身分的認定完全採認一九五〇
年代山胞身分認定的結果。大多數平埔族人之所以不具法定原住民
身分，是因為他們在一九五六至一九六三年期間未登記為平地山
胞。按照排除論的觀點，這些人被山胞身分認定排除在外。然而，
史料顯示高砂族於戰後初期先稱高山族，隨即改稱山地同胞。既然
「山地同胞」這個人群類屬原本就不包含平埔族在內，山胞身分認
定不存在排除平埔族的問題。反倒是，政府曾經開了一扇門，讓
「平埔族」獲得加入平地山胞的機會。

　　那麼，為何大多數平埔族人沒有把握稍縱即逝的機會，完成平
地山胞登記呢？按照放棄論的觀點，平埔族人「躲在漢人背後」，
不願登記為山胞。然而，放棄論無法解釋的疑點是，為什麼一九五
六年九月還有兩萬多人在無預設選項的情況下回答自己是平埔族，
但從一九五七至一九六三年三次補辦平地山胞登記時，大多數卻缺
席了呢？這個矛盾在臺灣西部特別明顯。一九五六年西部仍有

21,692 人歸類為「族系未詳」，但隨後只有魚池、水裡、車城、滿州等四鄉有明顯跡象顯示（日治戶口制度定義的）平埔族人集體登記為平地山胞，大約 1,300 人左右。這些人是邵族、排灣族、阿美族，一九〇五年以後才被戶口制度當成熟蕃（平埔族），與一般意義的平埔族（清代熟番後裔）相當不同。

　　一個可能的原因是：政府雖曾給予平埔族人加入平地山胞的機會，但該訊息未傳達到多數平埔族人身上。如同前述，當臺灣省政府解釋原熟蕃（平埔族）可登記為平地山胞時，登記時間早已結束。等到臺灣省政府公告補辦登記時，並未追認先前的解釋令，更未明文准予平埔族人登記為平地山胞。更重要的是，即使平埔族人得知訊息但未前往登記，並不表示他們失去原住民認同。既然「山胞」這個人群類屬指的是日本時代的高砂族，平埔族人若不願登記為山胞，只能說明他們不認為自己是高砂族（山胞），不表示他們失去原住民認同。在平地山胞身分認定的前夕，還有兩萬多人在無預設選項的情況下回答自己是平埔族，即為明證。

　　事實上，一九五〇年代山胞身分認定既不存在排除「平埔族」的問題，也不存在平埔族人放棄身分的問題。因為所謂「山胞」本就不包含「平埔族」。而且，官方並不承認山胞是原住民族，因此山胞身分認定甚至也不是原住民身分認定。官方認為山胞是進化程度落後的中華民族同胞，需要扶植。山胞身分認定只是為了界定誰適用扶植政策。直到一九九四年，政府終於肯認原住民，但是並未重新認定誰是原住民，而是便宜行事直接將山胞改稱原住民。原本不具原住民身分意涵的山胞身分認定，遂被追認為原住民身分要

件。於是，非屬山胞的平埔原住民就這樣被排除於法定原住民身分之外。問題癥結其實不是一九五〇年代山胞身分認定本身，而是當代只追認山胞身分認定作為原住民身分要件。解決之道，唯有跳脫一九五〇年代的束縛，承認非屬山胞的平埔原住民也是原住民。

注釋

1　〈臺灣省政府令／事由：為辦理平地山胞登記疑義一案，核復知照〉，《臺灣省政府公報》46 春 19（1957 年 1 月 26 日），頁 190。

2　林嘉琪、謝文華報導，〈3000 平埔族人 要馬兌現正名支票〉（2009 年 5 月 3 日），《自由時報電子報》，網址：https://news.ltn.com.tw/news/life/paper/300268。

3　林江義，〈台灣原住民族官方認定的回顧與展望〉，收於潘朝成、劉益昌、施正鋒編，《台灣平埔族》（臺北：前衛，2003），頁 184。

4　臺灣總督府編，《臺灣戶口統計》（臺北：臺灣總督府，1944），頁 40。

5　臺灣省行政長官公署統計室編，《臺灣省五十一年來統計提要》，頁 92-93。

6　臺灣總督府編，《臺灣總督府第四十六統計書》（臺北：臺灣總督府，1944），頁 34-35；臺灣省行政長官公署統計室編，《臺灣省五十一年來統計提要》，頁 94-95。

7　〈臺灣省行政長官公署代電／事由：電知高山族同胞減免稅捐標準希遵辦具報〉，《臺灣行政長官公署公報》35 秋 37（1946 年 8 月 12 日），頁 585。

8　臺灣總督府編，《臺灣統治概要》（臺北：臺灣總督府，1945），頁 107-108。

9　〈臺灣省政府民政廳通報／事由：高山族應改稱山地同胞及國大代表勿稱高山族代表請查照〉，《臺灣省政府公報》36 夏 78（1947 年 6 月 29 日），頁 548。

10　〈臺灣省政府民政廳代電／事由：為邇來各地民間仍多以「高山族」「高砂族」或「蕃族」稱呼山地同胞電希飭屬切實禁絕使用〉，《臺灣省政府公報》37 夏 45（1948 年 5 月 24 日），頁 665。

11　〈臺灣省政府代電／事由：電為對山地同胞不得以「高山族」「蕃族」等稱呼希切實遵照〉，《臺灣省政府公報》38 秋 41（1949 年 8 月 17 日），頁 608；〈臺灣省政府令／事由：南投縣仁愛鄉鄉民代表會建議重新令知全省人民劃一對山地同胞稱呼一案，希知照轉知〉，《臺灣省政府公報》47 春 69（1958 年 3 月 28 日），頁 1020；〈臺灣省政府民政廳代電／事由：為對本省山地同胞稱呼一案，電希查照〉，《臺灣省政府公報》47 冬 1（1958 年 10 月 1 日），頁 2；〈臺灣省政府民政廳代電／事由：為對本省山地人應稱為「山地同胞」，如仍有歧視稱呼應予糾正〉，《臺灣省政府公報》52 夏 27（1963 年 5 月 1 日），頁 3。

12　張松，《臺灣山地行政要論》（臺北：正中書局，1953），頁 1。

13　張松，《臺灣山地行政要論》，頁 1。

14　張松，《臺灣山地行政要論》，頁 2。

15　張松，《臺灣山地行政要論》，頁 2。

16　張松，《臺灣山地行政要論》，頁 4。

17　〈臺灣省政府代電／事由：重申山地鄉村高山族同胞豁免賦稅辦法案希遵照〉，

《臺灣省政府公報》36 夏 61（1947 年 6 月 10 日），頁 218。

18 〈臺灣省政府令／事由：令頒本省山地籍同胞征免租稅原則，仰遵照〉，《臺灣省政府公報》42 春 57（1953 年 3 月 11 日），頁 664。

19 〈臺灣省政府令／事由：為據呈該縣山地鄉常有商人假借山胞名義免稅屠宰牲畜如何處理一案，核復知照〉，《臺灣省政府公報》42 春 73（1953 年 3 月 30 日），頁 896。

20 〈臺灣省政府教育廳代電／事由：奉教育部核示本省山地同胞升學專科以上學校者可酌予從寬錄取案電希知（查）照〉，《臺灣省政府公報》40 夏 68（1951 年 6 月 18 日），頁 924。

21 〈臺灣省各縣市實施地方自治綱要〉，《臺灣省政府公報》39 夏 20（1950 年 4 月 24 日），頁 307。

22 〈臺灣省各縣市實施地方自治綱要〉，《臺灣省政府公報》41 冬 29（1952 年 11 月 5 日），頁 299。

23 同上注。

24 〈臺灣省臨時省議會組織規程〉，《臺灣省政府公報》40 秋 77（1951 年 9 月 29 日），頁 898。

25 〈臺灣省臨時省議會組織規程〉，《臺灣省政府公報》42 秋 48（1953 年 8 月 25 日），頁 609。

26 〈臺灣省政府令／事由：據請示居住平地之平埔族應視為平地人抑或山地同胞一案，希知照〉，《臺灣省政府公報》43 夏 9（1954 年 4 月 10 日），頁 109。

27 施正鋒，〈西拉雅族的身份與政府的承認政策〉，《台灣原住民族研究季刊》3:1（2010 年春），頁 12。

28 〈臺灣省各縣市公職人員選舉罷免規程〉，《臺灣省政府公報》48 冬 7（1959 年 10 月 8 日），頁 84。

29 山地山胞於身分認定完成後獲得更多特殊權益。例如，一九六六年修正之「臺灣省山地保留地管理辦法」將其保障之山地人民限定為山地山胞。參見：〈臺灣省山地保留地管理辦法〉，《臺灣省政府公報》55 春 6（1966 年 1 月 10 日），頁 2。

30 王甫昌，〈由「中國省籍」到「台灣族群」：戶口普查籍別類屬轉變之分析〉，《台灣社會學》9（2005 年 6 月），頁 59-117。

31 〈臺灣省政府公告／事由：為公告第二屆省議員選舉日期與議員名額及候選人申請登記起訖日期暨選務所成立日期〉，《臺灣省政府公報》43 春 61（1954 年 3 月 17 日），頁 832。

32 〈臺灣省政府令／事由：為訂定法令上所謂「山地同胞」之範圍，令仰遵照〉，《臺灣省政府公報》43 春 30（1954 年 2 月 9 日），頁 402。

33 林江義，〈台灣原住民族官方認定的回顧與展望〉，頁 180；謝若蘭，〈平埔族群正名運動與官方認定之挑戰〉，《台灣原住民族研究季刊》4:2（2011 年 7 月），頁 121-142。

34 〈臺灣省臨時省議會組織規程〉（1953 年 8 月 25 日），頁 609。

35 〈臺灣省政府令／事由：為檢發本府輔導平地山胞生活計劃一種，令仰遵照〉，《臺灣省政府公報》44 春 32（1955 年 2 月 14 日），頁 358。

36 〈臺灣省政府檢送山胞身份認定標準…〉（1955-12-01）：〈臺灣省議會史料總庫・檔案〉典藏號：0021130144009。

37 「臺灣省山胞身分認定標準案」（1956-05-09），〈臺灣省政府委員會議第 451 次會議〉，《臺灣省政府委員會議》，國史館臺灣文獻館（原件：國家發展委員會檔案管理局），典藏號：00501045109。

38 「臺灣省平地山胞認定辦法草案案」（1956-08-21），〈臺灣省政府委員會議第 466 次會議〉，《臺灣省政府委員會議》，國史館臺灣文獻館（原件：國家發展委員會檔案管理局），典藏號：00501046610。

39 〈臺灣省政府令／事由：茲訂定本省平地山胞認定標準一種，令仰遵照〉，《臺灣省政府公報》45 冬 6（1956 年 10 月 6 日），頁 67。

40 〈臺灣省政府民政廳代電／事由：為關于辦理平地山胞認定登記疑義請釋示一案，電復查照〉，《臺灣省政府公報》46 春 2（1957 年 1 月 5 日），頁 15。

41 同上注。

42 〈臺灣省政府民政廳代電／事由：平地山胞登記疑義，電復知照〉，《臺灣省政府公報》46 春 22（1957 年 1 月 30 日），頁 227-228；〈臺灣省政府民政廳代電／事由：平地山胞登記疑義，電復知照〉，《臺灣省政府公報》46 春 41（1957 年 2 月 23 日），頁 486。

43 〈臺灣省政府代電／事由：為補充規定平地山胞登記標準一案，令仰遵照〉，《臺灣省政府公報》46 春 44（1957 年 2 月 27 日），頁 524-525。

44 〈臺灣省政府民政廳代電／事由：平地山胞登記疑義，電復查照〉，《臺灣省政府公報》46 春 61（1957 年 3 月 19 日），頁 764。

45 〈臺灣省政府民政廳函／事由：准函為請核示有關戶籍統計及平地山胞登記疑義一案，復希查照〉，《臺灣省政府公報》46 冬 39（1957 年 11 月 18 日），頁 618。

46 臺北帝國大學土俗人種學研究室，《臺灣高砂族系統所屬の研究》（東京：刀江書院，1935 年），頁 379。

47 〈臺灣省政府令／事由：為辦理平地山胞登記疑義一案，核復知照〉，《臺灣省政府公報》46 春 19（1957 年 1 月 26 日），頁 190。

48 〈臺灣省政府民政廳代電／事由：平地山胞登記疑義，電復查照〉，《臺灣省政府公報》46 春 61（1957 年 3 月 19 日），頁 764。

49 〈臺灣省政府公告／事由：為補辦平地山胞登記，公告週知〉，《臺灣省政府公報》46 夏 37（1957 年 5 月 13 日），頁 434。

50 〈臺灣省政府令／事由：為補辦平地山胞登記一案，令仰遵照〉，《臺灣省政府公報》48 夏 8（1959 年 4 月 9 日），頁 75。

51 〈臺灣省政府令／事由：為補辦平地山胞身分登記一案，令仰遵照〉，《臺灣省政府公報》52 秋字 47（1963 年 8 月 23 日），頁 2。

52 〈總統令／四十五年三月十四日〉，《總統府公報》688 號（1956 年 3 月 16 日），頁 2。

53 〈中華民國台閩地區戶口普查實施方案〉，《總統府公報》720 號（1956 年 7 月 6 日），頁 2-3。

54 〈臺灣省戶口普查處代電／事由：轉發戶口普查監督員普查員等須知及實施方案各種附件，希知照〉，《臺灣省政府公報》45 秋 23（1956 年 7 月 27 日），頁 277。

55 行政院戶口普查處編，《戶口普查人員手冊》（臺北：臺灣省戶口普查處，1956），頁 109-110。

56 王甫昌，〈由「中國省籍」到「台灣族群」〉，頁 77。

57 行政院戶口普查處編，〈戶口普查疑難問題解答彙編〉，《中國內政》12:2（1956 年 8 月 15 日），頁 31。

58 臺灣省戶口普查處編，《中華民國戶口普查報告書》第一卷（南投：臺灣省戶口普查處，1959 年 10 月），頁 22。

59 〈臺灣省戶口普查處代電／事由：轉發戶口普查監督員普查員等須知及實施方案各種附件，希知照〉，頁 276。

60 同上注，頁 280。

61 不過，在普查員與申報義務人存在言語溝通障礙的情況下，我們不能排除有普查員便宜行事而任意填寫，且申報義務人不太瞭解普查員填寫什麼就蓋章的可能性。

62 臺灣省戶口普查處編，《中華民國戶口普查報告書》第二卷第一冊（南投：臺灣省戶口普查處，1959 年 10 月），頁 321-608。

63 臺灣省行政長官公署統計室編，《臺灣省五十一年來統計提要》，頁 92-93。

64 詹素娟，〈「族系未詳」再思考：從「國勢調查」到「戶口普查」的人群分類變遷〉，《臺灣風物》60：4，頁 96。

65 臺灣總督府官房臨時國勢調查部編，《昭和十年國勢調查結果表》，頁 230-231。

66 臺灣省戶口普查處編，《中華民國戶口普查報告書》第二卷第一冊，頁 447-448。

67 臨時臺灣戶口調查部編，《明治三十八年臨時臺灣戶口調查記述報文》（臺北：臨時臺灣戶口調查部，1908 年），頁 57。

68 臺灣總督府官房臨時國勢調查部編，《昭和十年國勢調查結果表》，頁 288-289。

69　臺灣省戶口普查處編，《中華民國戶口普查報告書》第二卷第一冊，頁 527-528。

70　詹素娟，〈臺灣平埔族的身分認定與變遷（1895-1960）——以戶口制度與國勢調查的「種族」分類為中心〉，《臺灣史研究》12：2（2005 年 12 月），頁 155-160。

71　臺灣省民政廳編，《臺灣省戶籍統計要覽（民國四十八年至五十年年報）》（南投：臺灣省民政廳，1962 年 7 月），頁 104-111。

72　這份資料僅揭載各縣市之平地山胞人口。見：臺灣省民政廳編，《臺灣省戶籍統計要覽（中華民國五十二年及五十三年資料）》（南投：臺灣省民政廳，1965 年 6 月），頁 96-97、212-213。

73　民政廳編，《臺灣省戶口統計（民國五十三年）》（未出版），無頁碼。這份資料收藏於中央研究院經濟研究所圖書館。我比對其與 1964 年度《臺灣省戶籍統計要覽》中的各縣市平地山胞戶口，兩者完全吻合。

74　一九五九年占 96.4%；一九六四年降為 86.2%，原因是有相當數量平地山胞遷移至基隆市或高雄市。

75　一九三六至一九三七年，位於大湖郡的ロツカホ、ヤバカン、ムケラカ等三社共 425 人遷入戰後南庄鄉的範圍內。見：臺灣總督府警務局編，《高砂族授產年報》昭和十六年版（臺北：臺灣總督府警務局，1942），頁 20-21。

76　小部分賽夏族（南庄化番）於日本時代歸為熟番（平埔族）。這些人是否與其他被歸為高砂族的賽夏族一起取得山胞身分，從表 5-1 無法確認。

77　臺灣省戶口普查處編，《中華民國戶口普查報告書》第二卷第一冊，頁 511。

78　葉高華，《強制移住：臺灣高山原住民的分與離》（臺北：臺大出版中心，2023），頁 128。

79　陳丁祥、蘇淑娟，〈國家發展大計下的原住民移住聚落：屏東縣三和村拼湊的地區內涵〉，《地理學報》37，頁 99-122。

80　〈臺灣省政府民政廳代電／事由：為貴縣平地山胞申請改為平地籍一案，電復查照〉，《臺灣省政府公報》47 冬 30（1958 年 11 月 6 日），頁 448。

81　詹素娟，〈臺灣平埔族的身分認定與變遷（1895-1960）〉，頁 155-160。

82　一九五九年占 99.4%；一九六四年占 99.3%。

83　〈臺灣省山胞身分認定標準〉，《臺灣省政府公報》69 夏 6（1980 年 4 月 8 日），頁 2。

84　〈山胞身分認定標準〉，《總統府公報》5478（1991 年 10 月 14 日），頁 7。

85　〈原住民身分認定標準〉，《總統府公報》5939（1994 年 10 月 26 日），頁 9。

86　〈原住民身分法〉，《總統府公報》6377（2001 年 1 月 17 日），頁 25。

6 | 外省籍遷臺人數之謎

光復後由大陸或省外進入臺灣的外省人究竟有多少呢？這一個問題始終是一個謎；原因是戶政單位無法提供完備之資料，及無戶籍之外省軍人相當多。十多年來雖然有多位學者曾加以估計過，但見仁見智，至今令人莫衷一是。[1]

這段文字出自李棟明在臺灣省衛生處臺灣人口研究中心的研究報告。時值一九六八年，距離「一九四九大撤退」將近二十年，但李棟明對於「有多少外省籍人口移入臺灣」這個問題還是感到很棘手。

他引述既有的幾個估計如下：龍冠海的《中國人口》（一九五五年四月）指出「不祇一百萬人」；張敬原的《中國人口問題》（一九五九年十二月）估計約 125 萬人，內含無戶籍外省籍軍人 50 萬人；鄧善章的《臺灣人口問題》（一九六四年九月）估計 112 萬人，內含現役外省籍軍人 43 萬人。[2] 不過，李棟明自己的估計是不到一百萬人。半個世紀以來，他的估計經常被視為最可信的數字，

因此我們有必要仔細檢視他如何得到這個結論。

　　李棟明的方法是參考五個指標，每年抓一個數字，再把歷年數字加起來。以一九四九年為例，先列出五個指標如下：[3]

- 人口增加數減自然增加數，得到社會增加數 383,301 人；
- 自省外遷入人數減遷往省外人數，得到社會增加數 337,783 人；
- 現住人口之遷入數減遷出數，得到社會增加數 381,836 人；
- 國際港口或機場之入境數減出境數，得到淨入數 186,299 人；
- 根據一九五六年人口普查，一九四九年來臺之外省籍人數為 303,707 人。

　　李棟明參考這五個數字，自由心證猜測 460,000 人。為什麼是這個數字？他沒有說明。像這樣，他每年抓一個數字，再合計歷年數字，就得到一九四七至一九六五年有 908,500 名外省人移入。如果加上一九四五、一九四六年的移入人數，他猜測有 96 萬人。[4]

　　即使李棟明的估計仍有許多猜測成分，但半個世紀以來獲得許多重要文獻採用，包括族群研究的經典《當代台灣社會的族群想像》、具有官修史書性質的《臺灣全志（卷三）住民志·族群篇》。[5]林勝偉、高格孚、楊孟軒在關於外省人的研究中，也一致認證李棟明的估計最可信。[6]不過，歷史敘事並未完全定於一尊。在李棟明的版本之外，各種差距甚大的數字充斥於各式各樣的著作與敘事中。常見的數字有：一百二十萬[7]、一百五十萬[8]、兩百萬[9]。甚至，一九四五至一九五一年在蔣介石身邊擔任副官的夏功權堅稱有

兩百五十萬。[10] 顯而易見，移入兩百萬人相較於移入九十多萬人，對於臺灣社會的影響是相當不同的量級。我們怎麼能夠忍受此一臺灣史上重大事件，長年以來眾說紛紜且差距如此巨大？

人口黑數

問題的癥結，在於一九七〇年以前有數十萬外省籍軍人沒有戶籍，成為人口統計的黑數。林桶法指出，外省籍人口應該分成民眾（含公務人員）與軍人兩個部分討論。民眾的部分，從人口統計可知一九四五至一九五三年大約有六十萬人從中國大陸移入。軍人的部分，林桶法綜合各項說法，認為最可能的數字是「六十萬大軍」。兩者相加，大約是一百二十萬人。[11]

不過，林桶法的算法有重複計算的問題，應屬高估。因為並非所有外省籍軍人都無戶籍，有些人已經納入戶籍人口中。一九四九年七月，內政部知會臺灣省政府遵行「駐防部隊戶口查記辦法」，總共三點。第一點，固定的軍事機關一律接受戶口查記。第二點，駐防部隊居住於營外者，也應接受戶口查記。第三點，駐防部隊居住於營內者，可不辦理戶口查記。[12] 由於來自中國大陸的數十萬大軍一開始被認為只是臨時駐防，隨時可能離開，因此營內軍人不申報戶籍。但居住於營外者，通常是攜有家眷的高階軍官，則須申報戶籍。

一九五七年三月，國防部訂定「大陸來臺之現役在營軍人申報戶籍規定」，符合下列條件者應向居住地申請戶籍登記：有眷屬在

臺同居者、依法奉准結婚者、眷屬依法奉准入境者、有居住營外必要而在民間有一定居所者。不符條件者則不准申報戶籍,若有戶籍一律撤銷。[13] 一九五八年終,上述規定融入「軍人戶口查記辦法」實施。[14] 一九五九年八月,「戡亂時期軍人婚姻條例」開放現役士官與士兵結婚,[15] 於是陸續有外省籍軍人因奉准結婚而以「遷入」的名義申報戶籍。

一九六八年十一月,「軍人戶口查記辦法」修訂為「陸海空軍現役軍人戶口查記辦法」,規定現役軍人無論已婚未婚,一律登記戶籍。[16] 但直到翌年九月,臺灣省政府仍發文催促,指出尚有單位未能遵照辦理,亟宜改進。[17] 因此,所有軍人納入戶籍,大約是一九七〇年完成。

由此可知,一九七〇年以前,外省籍軍人是部分有戶籍、部分無戶籍。如果直接將外省籍軍人數量與外省籍戶籍人口相加,就會重複計算有戶籍者,導致高估。因此,解開這道世紀之謎的關鍵,就是知道登記戶籍與無戶籍的外省籍軍人分別有多少人。一九七六年,政府曾向前逆推歷年無戶籍之軍人數量,並加到人口數量中。[18] 不過,這個推估並未區分無戶籍軍人中有多少是由中國大陸移入、多少是臺籍充員,因此仍然無法解開「外省籍遷臺人數」這道謎題。

一九五六年人口普查也許有解開謎題的希望。這次普查分成一般人口與國軍兩個部分,各自獨立進行。目前我們所能見到的《中華民國戶口普查報告書》僅限軍營以外人口,包含有戶籍的軍人。國軍的普查結果另出版於《國軍戶口普查報告書》,[19] 至今尚未公

開。幸好，新近解密的「總統府檔案」與「行政院檔案」中，出現國軍戶口普查的數據。

由檔案管理局典藏的總統府檔案中，《台閩地區戶口普查》卷宗集結行政院向總統府呈報戶口普查辦理情形的相關檔案。[20] 其中，最關鍵的一份報告是原列為「極機密」的〈中華民國臺閩地區戶口普查初步統計表〉（以下簡稱〈初步統計〉），內含國軍戶口普查的數據。

另一方面，由國史館典藏的行政院檔案中，《臺閩地區戶口普查整理統計工作及編纂總報告》集結一九五八至一九六一年臺灣省政府與行政院之間往返的相關文書。[21] 從這些文書，我們可以看到行政院如何對普查的整理與統計工作下指導棋。例如：要求租用IBM 電腦來整理卡片、增加某些統計項目。不過，作為執行機關的臺灣省政府擁有實質主導權，總是以「中途變更方法將無法如期完成」為由，拒絕上級要求。對此，行政院也莫可奈何。一九五九年十二月二十八日，內政部針對臺灣省政府提交的普查報告書召開審查會議，提出許多疑問與改進事項。對此，臺灣省政府相當強勢地提出申復書，只有答辯、不願修改。例如，內政部認為此次人口普查只是區域性普查，報告書稱為《中華民國戶口普查報告書》是將中華民國的領域自限於臺閩地區。臺灣省政府在申復書中反唇相譏：「我國之總決算，其內容雖僅有臺閩地區資料，其名稱仍定為中華民國總決算。」[22] 無論是內政部的審查意見，還是臺灣省政府的答辯，都引述國軍戶口普查的最終結果。透過這些解密檔案，我們已能具體掌握一九五六年實施普查的時刻，有多少外省籍人口是二

戰後移入。

一九五六年的狀態

戰後來臺設籍之外省籍人數

　　一九五六年人口普查以九月十六日零時為標準時刻。針對外省籍，另查其來臺年分。[23] 調查結果如下：二戰後抵臺且設有戶籍之外省籍人數計 640,072 人，其中男性 424,724 人，女性 215,348 人，性比例為 197。[24] 換言之，每 197 名男性才有 100 名女性。按照來臺年分區分（圖 6-1），將近半數（47.4%）於一九四九年抵達；一九四八至一九五〇這三年來臺者占全部的四分之三（75.5%）。最後一波高峰是一九五五年浙江沿海（大陳、漁山、披山、南麂）島民撤退來臺。

無戶籍之人數

　　根據一九五六年十月三十一日的〈初步統計〉，「現役在營軍人」計 506,359 人。另有文字說明如下：

> 　　現役在營軍人常住與現在人口均為 633,502 人，係根據本處國軍戶口普查組呈報之資料。惟其中已在駐在地區申報戶籍者，計 127,143 人，業已分別在其戶籍申報地區接受一般戶口普查，計入臺閩兩省人口總數之內，為避免重複，應予減除，故實列現役在營軍人（無戶籍者）506,359 人。[25]

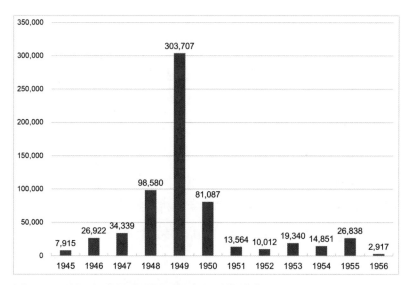

圖6-1：歷年來臺外省籍人數（有戶籍者）

資料來源：臺灣省戶口普查處編，《中華民國戶口普查報告書》第 2 卷第 1 冊，頁 719-722。

　　〈初步統計〉為普查基準日（九月十六日）的一個半月後提出，為了求快，難免會有誤差。表 6-1 比較〈初步統計〉與最終結果的差異。最終結果將駐外人員計入臺灣省（臺北市城中區），合計 9,311,312 人；而〈初步統計〉的臺灣省與駐外人員合計 9,311,692 人，誤差只有 380 人而已。

　　國軍戶口普查的最終結果未曾公開。幸好，行政院檔案中有相關數據。一九五九年十二月二十八日，內政部針對臺灣省政府提交的普查報告書召開審查會議。審查意見（五）提到：《國軍戶口普查報告書》所載現役軍人已申報戶籍者計 130,698 人，其中臺灣省 130,458 人、金馬地區 240 人。[26] 臺灣省政府對於審查意見的申復

書則提到：《國軍戶口普查報告書》所列國軍總人數 633,533 人，
與〈初步統計〉所列 633,502 人，差距只有 31 人而已。[27] 如此，我
們得到無戶籍人數的最終結果是 633,533 減 130,698，等於 502,835
人。

無戶籍之臺籍與外省籍人數

　　不過，這五十萬左右的無戶籍軍人並非都是外省籍。當時臺籍
充員兵已經徵召入營，並移除戶籍。我們必須知道無戶籍人口當中
有多少是臺籍、多少是外省籍。〈初步統計〉針對國軍的人口屬性

表6-1：1956年戶口普查初步統計與最終結果比較

常住人口	計	男	女
初步統計[a]			
共計	**9,874,454**	**5,282,320**	**4,592,134**
臺灣省	9,310,158	4,746,811	4,563,347
福建省	56,403	28,613	27,790
現役在營軍人	506,359	506,058	301
駐外文武公務人員及其眷屬	1,534	838	696
最終結果			
臺灣省（併駐外人員）[b]	9,311,312	4,743,551	4,567,761
福建省[b]	56,349	28,585	27,764
現役在營軍人[c]	502,835	?	?
合計	**9,870,496**	?	?

資料來源：a.〈中華民國臺閩地區戶口普查初步統計表〉；b. 臺灣省戶口普查處編，《中華民
　　　　國戶口普查報告書》第 1 卷，頁 45；c.《行政院檔案·臺閩地區戶口普查整理
　　　　統計工作及編纂總報告》。

提供更多資訊（表6-2）。一九五六年九月的現役軍人當中，128,467 人為本省籍（原文如此，即臺籍）、505,035 人為外省籍。一個簡單而粗糙的估計，是假設所有本省籍軍人都是徵召入營的充員兵，都移除戶籍。如此，無戶籍的 506,359 人減本省籍軍人 128,467 人，所得 377,892 人即無戶籍之外省籍軍人數量。再加上來臺設籍之外省籍人口 640,072 人，合計有 1,017,964 人。這個數字應該是低估，因為並非所有本省籍軍人都無戶籍。

　　比較精緻的方法，是先估計無戶籍之臺籍軍人數量。圖 6-2 根據一般人口的普查報告書，繪出臺灣省籍 0~44 歲各年齡的性比例。顯而易見，20~25 歲出現不正常的凹陷。這是因為許多臺籍男性被徵召入營而除籍，導致性比例不正常降低。此外，30~37 歲的臺籍男性也有短缺情形，導致性比例偏低。這個年齡層出生於一九一九至一九二六年間，二戰期間正值二十歲出頭。我們可以推

表6-2：1956年國軍人口屬性

	初步統計[a]	最終結果[b]
共計	633,502	633,533
男	631,163	?
女	2,339	?
本省籍	128,467	?
外省籍	505,035	?
有戶籍	127,143	130,698
無戶籍	506,359	502,835

資料來源：a.〈中華民國臺閩地區戶口普查初步統計表〉；b.《行政院檔案・臺閩地區戶口普查整理統計工作及編纂總報告》。

測，這些短缺的男性是在二戰中消失。回來談 20~25 歲，正常的性比例應該貼近圖上的平滑線，約為 105 左右。以 21 歲為例：

- 營外臺籍人口中，男 43,782 人、女 79,819 人，性比例只有 54.9。
- 按照圖 6-2 的平滑線，正常性比例估計是 105.6。
- 正常男性人數是 79,819×1.056，約為 84,249 人。
- 84,249 減 43,782，得到 40,467 人除籍。

　　其他歲數如法計算，合計有 118,674 名 20~25 歲的臺籍男性除籍（表 6-3）。無戶籍的 502,835 人減除籍之臺籍男性 118,674 人，得到無戶籍之外省籍軍人有 384,161 人。這個數字加上來臺設籍之

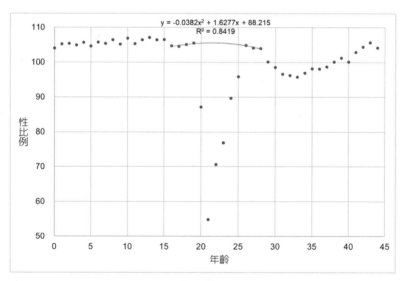

$$y = -0.0382x^2 + 1.6277x + 88.215$$
$$R^2 = 0.8419$$

圖6-2：1956年臺灣省籍年齡別性比例

資料來源：臺灣省戶口普查處編，《中華民國戶口普查報告書》第 2 卷第 2 冊，頁 1-3。

外省籍人口 640,072 人，可知二戰後移入臺灣與金馬地區的外省籍
人口共 **1,024,233** 人。這是一九五六年九月十六日的狀態。

評價

　　以上估計雖不能說是涵蓋「外省籍遷臺人數」的全貌，但至少
已確確實實掌握一九五六年九月十六日這個時間點的切面。以下進
一步評估這個切面與全貌的可能差異。

　　首先，1,024,233 人並非當時都住在臺灣，其中有數萬人駐防
於金馬地區。換言之，當時已移入臺灣之人數少於 1,024,233 人。
不過，駐防於金馬地區的軍人日後可能輪調至臺灣。更重要的是，
他們退伍之後絕大部分還是會移入臺灣。

　　其二，這個數字不包含一九五六年九月十五日以前曾移入臺灣

表6-3：1956年臺灣省籍男性除籍人數推估

年齡	男[a] A	女[a] B	性比例 A/B×100	正常性比例[b] C	男正常數 D=B×C/100	除籍數 D-A
20	68,591	78,702	87.2	105.5	83,022	14,431
21	43,782	79,819	54.9	105.6	84,249	40,467
22	52,579	74,467	70.6	105.5	78,589	26,010
23	55,108	71,641	76.9	105.4	75,541	20,433
24	63,745	71,055	89.7	105.3	74,804	11,059
25	65,764	68,585	95.9	105.0	72,037	6,273
合計						**118,674**

資料來源：a. 臺灣省戶口普查處編，《中華民國戶口普查報告書》第 2 卷第 2 冊，頁 1-3；
　　　　　b. 根據圖 6-2 推估。

但又離開的人數。由於一九五〇年以前短暫待過臺灣的過客並未參與兩岸分治之後的臺灣歷史發展，也不構成日後臺灣人口的一部分，本來就不必計算在內。至於兩岸隔離後，離開臺灣的人數就很有限了。[28]

其三，1,024,233 人也不包含一九五六年九月十五日以前曾移入臺灣但已死亡的人數。事實上，能夠穿越重重險阻來到臺灣的人口大多是身體強健的青壯年，近六成生於一九一七至一九三一年，亦即一九四九年時 18~32 歲、一九五六年時 25~39 歲。[29] 這些年齡層的死亡率相當低。[30] 即使加上已死亡的人數，不會多太多。[31]

其四，一九五六年九月十六日以後還有一些外省籍人口移入。規模最大的一批是一九六一年從滇緬邊區移入臺灣的 4,406 人。[32] 加計這批移民後，總人數可達 1,028,639 人。若再加上其他零星移民，還會多一些人。

其他旁證

還有其他證據嗎？本節嘗試比對另外三種較為間接或有缺陷的估計方法，作為旁證。雖然這些旁證本身較為薄弱，但若與上一節的估計相去不遠，可以增強我們對於主要論證的信心。

首先，按照人口學公式，人口增加數＝自然增加數＋社會增加數。二戰後臺灣於一九四六年底辦理戶籍登記，但遺漏不少人，直到翌年才補報。[33] 因此，戶籍人口統計從一九四七年底開始看比較可靠。另外，前面曾指出：直到一九七〇年，現役軍人才全部納入

戶籍。

- 一九四七年底戶籍人口 6,495,099 人，一九七〇年底戶籍人口 14,675,964 人，共增加 8,180,865 人。[34]
- 一九四八至一九七〇年間，累計出生 8,928,957 人，死亡 1,757,461 人，可得自然增加數 7,171,496 人。[35]
- 人口增加數 8,180,865 人減自然增加數 7,171,496 人，可得社會增加數 1,009,369 人。

這個數字不包含一九四五至一九四七年移入臺灣之外省籍人數。根據一九五六年人口普查，當時有 69,176 名外省籍為一九四五至一九四七年移入（圖 6-1）。若加計這些人，社會增加數為 1,078,545 人。社會增加的來源包含：移入臺灣之外省籍人數、返回臺灣之臺籍人數、外國人入籍人數、發現遺漏而補報之人數。由此可見，移入臺灣之外省籍人數應該是少於 1,078,545 人。這與從解密檔案算出的 102 萬餘人，實在相當接近。

第二個旁證，是運用一九六六年人口普查的資訊。這次普查首度將現役在營軍人與一般民眾合計。結果顯示，常住臺灣之外省籍人口當中，有 1,008,633 人出生於外省。[36] 這個數字相較於一九五六年的人數應有下列差異：

- 一九五六至一九六六年間，還有一些外省籍人口移入，包括一九六一年的滇緬移民 4,406 人。[37]
- 這十年間，也有一些外省籍人口死亡或移往海外。

以上兩個因素互相抵銷的結果是，一九六六年的 1,008,633 人比一九五六年的 1,028,639 人減少 2 萬人左右，看起來相當合理。

　　駱明慶也曾運用一九五六年與一九六六年兩次人口普查的資料，做了一個精緻的估計。[38] 首先，根據一九五六年人口普查，一九五〇年以前出生之在臺外省籍男性有 455,274 人。再者，根據一九六六年人口普查，一九五〇年以前出生之在臺外省籍男性有 823,084 人。[39] 後者減前者的差額 367,810 人，大約就是一九五六年沒算到、一九六六年納入的外省籍軍人。駱明慶假設這十間的死亡率為 3.4%，回推一九五六年時有 396,780 名外省籍軍人。最後，加上一九五六年設有戶籍之來臺外省籍人口 640,072 人，得到 1,036,852 人。這個數字與我估算的 1,024,233 人驚人地接近。

人口特徵

性別組成

　　解密檔案除了讓我們更接近「外省籍遷臺人數」的真相，還可還原真實的性別組成。一九五六年人口普查由於未整合國軍數據，導致資料扭曲。行政院也曾意識到這個問題，於一九六一年要求臺灣省政府商洽國防部整併資料。但臺灣省政府因普查業務早已結案，遂以保護軍事機密為藉口推辭。[40] 直到現在，行政院主計總處公告的「歷次普查結果摘要表」中，一九五六年的數據仍然不包含營內軍人。[41] 這不僅造成人數短少，更導致性比例扭曲。按照該表，臺灣與金馬地區（臺閩地區）的性比例，一九五六年為 103.8，到了一九六六年突然飆升為 112.6。顯然，有大量男性於一九五六年遺漏，到了一九六六年才算進來。現在，透過解密檔

案，我們可以回頭為一九五六年戶口普查補正遺失的資訊（表6-4）。

按照《中華民國戶口普查報告書》，一九五六年九月十六日有640,072名外省籍為二戰後來臺，其性比例為197.2。但真實的性比例遠高於這個數字，因為還有大量男性在軍營內沒有算到。前文已估計無戶籍之外省籍軍人有384,161人，其中女性人數若按照《初步統計》為301人（表6-1）。將這些軍人算進來後，移入者的性比例高達375。換言之，每375名男性才有100名女性。從數量來看，移入之外省籍男性比外省籍女性多出近六十萬人。這導致有數十萬外省籍男性得尋找臺籍女性通婚，構成戰後臺灣社會的「芋仔蕃薯」現象。[42] 甚至，許多低階外省籍軍人退伍後難以順利成婚。

再者，《中華民國戶口普查報告書》所載臺灣省籍的性比例只有99.3，呈現女多於男的異常現象。這是因為有大量20~25歲的臺

表6-4：1956年人口普查數據與補正

		普查報告[a]	補正[b]
二戰後移入之外省籍	人口	640,072	1,024,233
	性比例	197.2	375.0
臺灣省籍	人口	8,379,920	8,498,594
	性比例	99.3	102.2
臺灣與金馬地區	人口	9,367,661	9,870,496
	性比例	103.8	114.8

資料來源：a. 臺灣省戶口普查處編，《中華民國戶口普查報告書》第2卷第1冊，頁719-722；頁1；第1卷，頁45；b. 本文推估。

籍男性被徵召入營而除籍。前文已估計有 118,674 人除籍（表
6-3）。將這些男性補回後，臺灣省籍的性比例應該是 102.2，恢復
正常。最後，將無戶籍的 502,835 名軍人補回後，一九五六年臺灣
與金馬地區總人口之性比例由 103.8 修正為 114.8。

來自何方？

　　中華民國政府轉進臺灣後，仍按照三十五省、十二直轄市、一
特別行政區、二地方的架構區分省籍。實際上，戰後的東北九省計
畫因國共內戰而難以實現。但中華民國政府仍按照計畫中的九省來
區分東北人的省籍。因此，許多東北人是到了臺灣之後才確認自己
的新省籍。為了協助東北人確認新省籍，一九五六年人口普查特地
要求普查員隨身攜帶東北九省地圖以及新舊行政區對照表。

　　一九五六年普查結果（不含在營軍人）顯示外省籍人數最多的
五省依序是：福建省、浙江省、江蘇省、廣東省、山東省，合計占
57.7%。直轄市當中，人口最多的籍別是上海市與南京市。[43] 這反
映外省民間人口主要來自沿海省分。進一步觀察，一九四八年以前
來臺者以福建人最多；一九四九年的大撤退以山東人最多，其次為
江蘇人與浙江人；一九五〇年以後（一九五五年除外）來臺者主要
來自廣東省，可能是經由香港輾轉來臺。一九五五年，大陳島軍民
撤退來臺，因此當年來臺者主要來自浙江省。[44]

　　一九六六年人口普查納入在營軍人後，人數最多的五個省籍依
序是：福建省、山東省、廣東省、浙江省、江蘇省，合計占 54.1%
（圖 6-3）。相較於一九五六年人口普查，浙江省與江蘇省的排名往

後掉。福建省籍雖維持人數最多，但其占外省籍之比例從 15.4% 下滑至 12.7%。反之，納入在營軍人後，河南、湖南、江西、四川等省籍數量大幅增加。一個合理的解釋是，這些內陸省分的民間人口較不容易抵達臺灣，故其來臺人口當中有較高比例是軍人。一旦納入在營軍人，內陸省籍的占比提高，而福建、浙江、江蘇三省的占比下滑最多。

落腳何處？

　　一九五六年普查結果（不含在營軍人）顯示大多數外省籍民間人口居住在都市裡，尤其是有四成聚集於臺北周遭地區。在臺北、高雄、基隆、臺中、臺南等大都市的某些區，外省籍占總人口的比例可達二成以上。在臺北市大安區，外省籍占比甚至達到 66%。[45]

　　一九六六年人口普查納入在營軍人後，外省籍占比最高的地方是臺北縣永和鎮，高達 61%。臺北市大安區、古亭區與高雄市左營區，外省籍人口也過半。相較於一九五六年普查，市區以外許多鄉鎮的外省籍占比大幅增加，反映軍營的分布（圖 6-4）。外省籍占比增加 10 個百分點以上的案例在北部最多，包括臺北市松山區；臺北縣的內湖、木柵、新店、土城、五股、泰山、林口；桃園縣的龜山、八德、大溪、中壢、平鎮、龍潭、楊梅；新竹縣湖口鄉。在中南部，則有臺中市的北屯、西屯、南屯；臺中縣的大雅、烏日；南投縣南投鎮；臺南縣的永康、官田；高雄縣的鳳山、大寮、仁武；澎湖縣的馬公、湖西、西嶼。我們不難在上述鄉鎮找到軍營。此外，一九五六至一九六六年間許多外省籍公務人員隨著臺灣省政

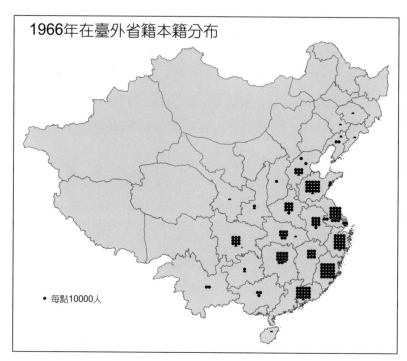

圖6-3：1966年在臺外省籍本籍分布

資料來源：臺灣省戶口普查處編，《中華民國五十五年臺閩地區戶口及住宅普查報告書》第
　　　　2卷第1冊，頁651。

府疏散到中興新村，也使南投鎮的外省籍占比大幅增加。另一方
面，許多退役的外省籍士兵被安排前往花蓮縣的豐濱、鳳林、玉里
等地開墾，使這些鄉鎮的外省籍占比大幅增加。

總結

　　本章利用總統府與行政院的解密檔案，推算一九五六年九月

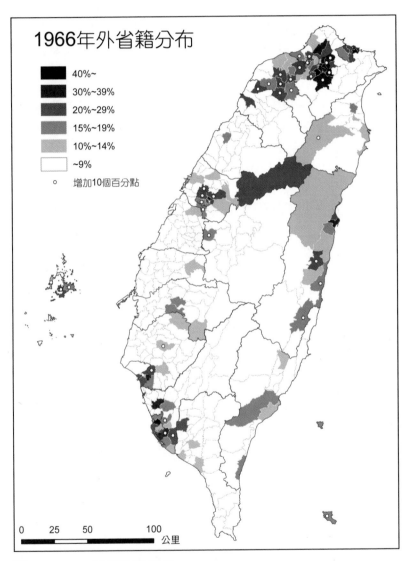

圖6-4:1966年外省籍分布

資料來源:臺灣省戶口普查處編,《中華民國五十五年臺閩地區戶口及住宅普查報告書》第
2卷第1冊,頁463-528。

十六日當下，臺灣與金馬地區共有 1,024,233 名外省籍軍民為二戰後移入。最終移入臺灣的外省籍人數，距離這個數字不會太遠。另外三種不同來源的旁證，也都相當接近這個數字。如此看來，李棟明猜測的九十多萬是稍微低估，而一百二十萬、一百五十萬、兩百萬等說法則過於誇大。那些誇大的數字，除了重複計算有戶籍的軍人，可能也把在臺灣出生的外省二代算進去了。不過，在臺灣出生的外省二代並非從中國大陸移入。

移入者的性別組成比一般認知的還要失衡：性比例高達 375，亦即每 375 名男性才有 100 名女性。超過一半的外省籍人口來自沿海的福建、山東、廣東、浙江、江蘇等五省。其中，福建、浙江、江蘇等省籍的軍人成分相對低，內陸省籍的軍人成分相對高。大多數外省籍民間人口來臺後聚集於都市；市區以外則有較多外省籍具軍人背景。

注釋

1　出自李棟明一九六八年在臺灣省衛生處臺灣人口研究中心的研究報告。翌年，李棟明將研究報告的第五章獨立刊行於《臺北文獻》。由於《臺北文獻》的流通較廣，後人多引述《臺北文獻》的版本。本章後續亦徵引《臺北文獻》版本的頁數。見：李棟明，《歷來臺灣人口社會增加之研究》（臺灣省衛生處臺灣人口研究中心，1968），頁 56；李棟明，〈光復後臺灣人口社會增加之探討〉，《臺北文獻》直字 9/10（1969 年 12 月），頁 245。

2　李棟明，〈光復後臺灣人口社會增加之探討〉，頁 245。

3　李棟明，〈光復後臺灣人口社會增加之探討〉，頁 242-243。

4　李棟明，〈光復後臺灣人口社會增加之探討〉，頁 246。

5　王甫昌，《當代台灣社會的族群想像》（臺北：群學，2003），頁 147；李廣均，〈第五章外省人〉，收於《臺灣全志・卷三住民志族群篇》（南投：國史館臺灣文獻館，2011），頁 367。

6　林勝偉，〈從「戰士」到「榮民」：國家的制度建構與人口類屬的形塑（1949-1970）〉，《台灣社會研究季刊》52（2003 年 12 月），頁 189；高格孚，《風和日暖：臺灣外省人與國家認同的轉變》（臺北：允晨，2004），頁 28；Dominic Meng-Hsuan Yang, *The Great Exodus from China: Trauma, Memory, and Identity in Modern Taiwan* (Cambridge: Cambridge University Press, 2020), p.63。

7　胡台麗宣稱採用李棟明的估計，但不知為何誤引為 120 餘萬。見：胡台麗，〈芋仔與蕃薯——臺灣「榮民」的族群關係與認同〉，《民族學研究所集刊》69（1990），頁 108。其餘主張 120 萬者：李廣均，〈從過客到定居者—戰後台灣「外省族群」形成與轉變的境況分析〉，《社會文化學報》3（1996），頁 367-390；林桶法，《1949 大撤退》（臺北：聯經，2009），頁 323。

8　例如：Steven Phillips, *Between Assimilation and Independence: the Taiwanese Encounter Nationalist China, 1945-1950* (Stanford, California: Stanford University Press, 2003), p.89；楊蓮福，《人口問題與臺灣政治變遷：人口政治學的初步探討》（臺北：博陽文化，2005），頁 62。

9　例如：Linda Chao and Ramon Myers, *The First Chinese Democracy: Political Life in the Republic of China on Taiwan* (Baltimore, Maryland: Johns Hopkins University Press, 1998), p.9；Mahlon Meyer, *Remembering China from Taiwan : Divided Families and Bittersweet Reunions after the Chinese Civil War* (Hong Kong: Hong Kong University Press, 2012), p.8；王塗發，〈戰後台灣經濟的發展〉，收於張炎憲、李筱峯、戴寶村（編），《台灣史論文精選（下）》（臺北：玉山社，1996），頁 390；葛劍雄，《中國移民史》第一卷（福州：福建人民出版社，1997），頁 402。

10 高格孚,《風和日暖：臺灣外省人與國家認同的轉變》,頁 28。

11 林桶法,《1949 大撤退》,頁 323-336。

12 〈臺灣省政府代電／事由：電發駐防部隊戶口查記辦法乙份希知照並飭屬知照〉,《臺灣省政府公報》38 秋 47(1949 年 8 月 24 日),頁 693。

13 〈臺灣省政府令／事由：抄發國防部四六倍企字第〇五九號函訂大陸來臺之現役軍人申報戶籍規定一件,仰遵照並轉飭遵照〉,《臺灣省政府公報》46 春 68(1957 年 3 月 27 日),頁 874-875。

14 〈行政院令／軍人戶口查記辦法〉,《總統府公報》980(1959 年 1 月 2 日),頁 7-8。

15 〈總統令／戡亂時期軍人婚姻條例〉,《總統府公報》1044(1959 年 8 月 14 日),頁 1-2。

16 〈行政院令／陸海空軍現役軍人戶口查記辦法〉,《總統府公報》2013(1968 年 11 月 26 日),頁 3-4。

17 〈臺灣省政府令／事由：為「軍人戶口查記辦法」有關規定辦理,令仰遵照〉,《臺灣省政府公報》58 秋 74(1969 年 9 月 24 日),頁 2。

18 行政院經濟設計委員會綜合計劃處、內政部戶政司編,《臺灣地區戶籍人口統計之調整(民國四十年至六十二年)》(1976)。

19 臺灣省戶口普查處編,《中華民國戶口普查報告書》(該處：1959),第 1 卷,頁 41-44。

20 《總統府檔案‧台閩地區戶口普查》,國家發展委員會檔案管理局藏,檔號：A200000000A/0045/3100705/0002。

21 《行政院檔案‧臺閩地區戶口普查整理統計工作及編纂總報告》,國史館藏,數位典藏號：014-010500-0026。

22 〈對內政部審查中華民國戶口普查報告書意見之申復書〉,《行政院檔案‧臺閩地區戶口普查整理統計工作及編纂總報告》,數位典藏號：014-010500-0026。

23 臺灣省戶口普查處編,《中華民國戶口普查報告書》第 1 卷,頁 6-7。

24 臺灣省戶口普查處編,《中華民國戶口普查報告書》第 2 卷第 1 冊,頁 719-722。

25 〈中華民國臺閩地區戶口普查初步統計表〉,《總統府檔案‧台閩地區戶口普查》。另外,國史館典藏的行政院檔案亦有〈初步統計〉,但是關於現役在營軍人的說明文字遭到塗黑。

26 〈台閩地區戶口普查報告書審查會記錄〉,《行政院檔案‧臺閩地區戶口普查整理統計工作及編纂總報告》。

27 〈對內政部審查中華民國戶口普查報告書意見之申復書〉,《行政院檔案‧臺閩地區戶口普查整理統計工作及編纂總報告》。

28 根據戶籍統計,一九五〇年有 73,426 人遷出臺灣,一九五一年大幅減少到

9,158 人，一九五二年再減為 6,771 人，接下來一九五三至一九五六年總共只遷出 7,861 人。這些遷出人數不限外省籍，因此外省籍遷出人數少於上揭數字。參見：李棟明，〈光復後臺灣人口社會增加之探討〉，頁 228-229。

29　一九六六年人口普查首次將現役在營軍人與一般民眾合計，因此數據取自這次普查。出生於外省的人口計 1,068,595 人（包含少許臺籍），其中 35-49 歲占 624,594 人。參見：臺灣省戶口普查處編，《中華民國五十五年臺閩地區戶口及住宅普查報告書》（該處，1969）第 2 卷第 1 冊，頁 99-100。

30　以一九五六年為例，25-29 歲的死亡率為千分之 2.47，30-34 歲為千分之 3.24，35-39 歲為千分之 4.29，皆遠低於全人口的千分之 8.02。上揭數據不分省籍。能夠抵臺的外省籍人口也許身體更強健。參見：臺灣省政府民政廳編，《中華民國臺灣人口統計》民國五十九年（該廳，1971），頁 34-35。

31　假設一九四九年有 100 個 20 歲青年來到臺灣，根據歷年的年齡別死亡率計算，一九五六年至少存活 98 人。

32　曾藝編，《滇緬邊區游擊戰史》（國防部史政局，1964），上冊，插表 31。

33　李棟明，〈光復後臺灣人口社會增加之探討〉，頁 227-228。

34　內政部編，《臺灣地區六十年戶籍人口統計報告》（該部：1972），頁 1008。

35　內政部編，《臺灣地區六十年戶籍人口統計報告》，頁 1008。

36　臺灣省戶口普查處，《中華民國五十五年臺閩地區戶口及住宅普查報告書》第 2 卷第 1 冊，頁 459-460。

37　曾藝編，《滇緬邊區游擊戰史》，上冊，插表 31。

38　駱明慶，〈教育成就的省籍與性別差異〉，《經濟論文叢刊》29:2（2001 年 6 月），頁 145-147。

39　核對原始資料，正確數字是 823,064 人。見：臺灣省戶口普查處編，《中華民國五十五年臺閩地區戶口及住宅普查報告書》第 2 卷第 1 冊，頁 35-37。

40　《行政院檔案‧臺閩地區戶口普查整理統計工作及編纂總報告》。

41　〈歷次普查結果摘要表〉，「中華民國統計資訊網」，下載日期：2021 年 3 月 1 日，網址：https://www.stat.gov.tw/public/Data/5102811649DBU1BVDH.pdf

42　王甫昌對於省籍通婚有深入研究，參見：王甫昌，〈光復後台灣漢人族群通婚的原因與形式初探〉。

43　臺灣省戶口普查處編，《中華民國戶口普查報告書》第 2 卷第 1 冊，頁 609。

44　臺灣省戶口普查處編，《中華民國戶口普查報告書》第 2 卷第 1 冊，頁 719-722。

45　臺灣省戶口普查處編，《中華民國戶口普查報告書》第 2 卷第 1 冊，頁 3-24。

7 | 華語與外省人教育優勢之謎

老 su，khŏ 不 khŏ 以講 kŏ-yĭ？Ŏ 孫 tsu 聽不懂，沒辦 huă 寫 功課。（老師，可不可以講國語？我孫子聽不懂，沒辦法寫 功課。）

　　假日午後，南臺灣鄉間的某個糖廠裡，一位導覽員正以流利的 臺語向遊客介紹糖廠歷史。遊客裡有看起來六、七十歲的老太太， 也有十歲不到的少年。導覽員講了幾分鐘之後，一位老太太終於按 捺不住，以一口彆腳的「臺灣國語」說了上面那段話。這似乎不只 是我的個人見聞，也反映臺灣社會中很普遍的語言態度。許多人放 棄將自己最流利、最有自信的語言傳承給子孫，寧願以笨拙的模樣 對子孫講著彆腳華語。[1] 這不只發生在北部都會區，早已蔓延到人 們以為通行臺語的南部鄉村。

　　關鍵原因之一是：臺灣教育體系長年來以華語為教學語言，並 以華語文進行升學考試。許多人希望孩子從小在家裡講華語，才不 會輸在起跑點上。蔡淑鈴指出：由於學校加值、獎勵的語言（華

語）連結到勞動市場中的地位取得，使弱勢語群成員不可避免地「理性」投資此種語言資本，這是臺灣發生語言轉移的原因之一。[2]

大規模的語言態度調查也揭露：臺灣民眾普遍認為說華語象徵社會地位高，且有助於向上流動。[3] 此外，配對偽裝實驗（matched-guise test）找來華語、臺語皆流利的發音人，分別以兩種語言講述內容相同的一段話，錄音後播給受測者聽。結果顯示，即使由相同的人說話，受測者仍普遍覺得華語言說者聽起來比臺語言說者「地位高」、「教育程度高」。[4] 在此種心態驅使下，許多原以臺灣本土語言為主的人士期待孩子經由講華語獲得更高教育成就，以求向上流動。這導致本土語言從家裡連根拔起。

另一方面，社會階層研究早已揭露：外省第二代的教育成就平均而言高於同世代其他族群。針對這個現象，有個頗為流行的說法是：外省第二代從小講華語，因而在使用華語的教育體系中取得優勢。[5]

然而，從小在家裡講華語，真的有助於獲得更高教育成就嗎？這個說法仍然是個假設，不曾真的經由資料檢驗。本章運用具有全國代表性的調查資料，來檢視這個很多人相信的事情。我特別關注學前階段（6歲）的家庭語言，這主要取決於家中長輩的語言態度。一旦人們進入學校後，開始體認華語的權威，且自身語言態度受到教育成就反饋，長輩就不再能完全控制孩子講什麼話。因此，本章欲解答的謎題是：學前階段的家庭語言，是否對日後教育成就產生長遠影響？以及，從小講華語是否能解釋外省人的教育優勢？

獨尊華語的歷史脈絡

　　人們之所以放棄將本土語言傳承給子孫，當然，過去長達數十年的制度壓迫是元凶。一九五〇年代，臺灣省教育廳三申五令各級學校一律使用「國語」（華語），禁用「方言」，不過尚屬規勸性質。一九六三年，政府進一步加強力道，實施帶有罰則的「臺灣省公私立中小學校加強推行國語注意事項」，明令：「各校教師推行國語情形，列為各該員**年終考績之參考**」；「學生平日使用國語情形，列為學生**操行成績之參考**」。[6] 一九七〇年，配合「中華文化復興運動」，蔣總統批准實施「加強推行國語運動辦法」。翌年，臺灣省政府公布具體實施計畫，明令：「各級學校師生必須**隨時隨地**使用國語；學生故違者，依獎懲辦法辦理」。[7] 許多學校為了滿足上級要求，公然處罰講本土語言的學生，像是掛著「我不說方言」的牌子罰站，當眾羞辱。[8] 相形之下，罰錢或打手心算是少一點羞辱了。許多老師也鼓勵學生打小報告，導致學生擔心遭到身邊同學檢舉而互相提防。我聽過一種更考驗人性黑暗面的手段：被抓到講本土語言的學生，必須再去抓三個同學抵罪。有些人為了脫離困境，只好設法把同學拖下水。直到一九八七年，教育廳通令各國中、國小不得再以體罰、罰錢等方式制裁講本土語言的學生，情況才見緩和。[9]

　　除了學校，一九七一年的「臺灣省加強推行國語實施計畫」還規範日常生活的各個場域，包山包海。例如，「交通機構（包括火車、及公民營汽車）一律使用國語」，[10] 導致許多不諳華語的長輩

搭錯車、坐過站。直到一九八七年，鐵公路局才恢復以本土語言報站名。[11] 又如，「禁止電影院對外播放方言」。[12] 加上當年進口彩色底片拍攝臺語片得負擔高額關稅，但拍攝華語片免稅，導致業者拍不起彩色臺語片。[13] 在消費端與生產端的雙重壓制下，盛極一時的臺語片迅速沒落。許多臺語演員轉進電視臺。但是沒多久，政府又逐年限縮臺語節目的時數；太受歡迎的臺語節目甚至被勒令停播。直到一九八七年新聞局放鬆管制時，電視臺已經找不到適當的臺語播報員來播新聞。[14]

政府壓制本土語言的手也沒放過教會。一九五七年，省政府下令查禁羅馬字，只准教會以「國語」與注音符號傳教。[15] 以臺語白話字發行的《臺灣教會公報》（創於一八八五年），被迫於一九六九年三月刊出最後一期白話字版本。一九七四年，臺中縣和平鄉博愛長老教會在主日禮拜進行中，遭警方強行進入沒收泰雅語的聖經與聖詩。一九七五年，警備總司令部沒收聖經公會新譯的臺語羅馬字聖經 2,200 本。[16]

毫無疑問，這些制度性的壓迫導致本土語言衰弱。問題是，一九八七年以後，制度壓迫就逐漸放鬆了。進入二十一世紀後，政府甚至推出一些支持本土語言的措施，包括小學納入本土語言課程；客語、原住民族語、臺語的電視臺陸續開播。二〇一九年公布的《國家語言發展法》甚至將本土語言提升為國家語言。為什麼本土語言沒有因此回春，反而持續走向滅絕呢？調查顯示，一九八六年以後出生者在家裡講本土語言的比率持續探底，其中甚至有三分之二最想對下一代說華語。[17]

　　也許，表面上停止制度壓迫，但語言的高低位階仍然以幽微的方式持續著。例如，影視節目中講臺語的人要不是壞人，就是沒知識的人；而正派、有學問的人，總是說著字正腔圓的華語。即使到了最近，這種模式仍不時出現。[18] 另一方面，雖然小學設立每週一節的本土語言課程，但是完全無關升學。對很多人來說，那是如同美勞、音樂之類的「涼課」。除了那一節課，所有課程（包括英語）都是以華語為教學媒介。華語才能夠決定一個人是否通過升學門檻，本土語言不能。因此，許多人希望孩子入學前就開始講華語，才不會輸在起跑點上。

語言與教育成就

文化資本與場域

　　布迪厄（Pierre Bourdieu）認為學校使用的語言與文化結構是由支配群體創造出來的，因此總是相似於支配群體的文化。當他們的子女進入學校時，已經很熟悉學校的那一套模式。他們從小在家獲得的文化體驗使他們輕易適應學校，從而將家裡的文化資源兌換為學校認可的文化資本，獲得好成績。反之，非支配群體的子女對學校的語言與文化結構感到陌生。他們的家庭社會化使他們遠離學校的文化資本，較不容易獲得好成績。布迪厄的重點是，學校再製社會不平等——雖然看似對所有家庭開放，但教育體系認可的文化資本對來自不同社會背景的孩子而言並不平等。[19]

　　有些人以為文化資本專屬於支配群體，其實所有群體都有屬於

自己的文化資本，只是不一定與教育體系認可的文化資本相同。[20]
非支配者的語言、文化在自己的社群內，或在某些特定領域是有用
的，只是在學校場域中沒有價值。例如，臺語在許多中小企業或直
接面對顧客的場域中似乎有價值。陳婉琪與溫郁文證實，臺語能力
提高人們成為小雇主的機會。[21] 只不過，這種文化資本在教育體系
中不受認可。

外省人的教育優勢

　　過去臺灣學界提及語言對教育成就的影響時，通常是為了解釋
外省人的教育優勢。王甫昌在一九八九年的博士論文中率先指出：
由於流利說寫華語是獲得教育成就的基本條件，外省人的子女因而
獲得較高教育成就，尤其反映在高等教育中外省籍學生的高比例
上。[22] 蔡淑鈴在一九九二年的論文中也指出外省第二代的教育成就
顯著高於同世代本省人。她推測可能原因包括：（1）外省第二代講
華語，在使用華語的教育體系中具有優勢；（2）外省人集中居住於
教育資源豐富的大都市；（3）外省人集中就業於軍公教部門，其子
女享有學費補貼。[23] 其中，「都市優勢說」與「軍公教優勢說」皆
已經由後續研究檢驗。

　　都市優勢方面，駱明慶利用一九七九至一九九二年家庭收支調
查證實：居住於大都市者，其子女（出生於一九六〇至一九七四
年）較容易上大學。[24] 陳婉琪合併多期臺灣社會變遷調查資料，發
現一九四〇至一九五九年出生世代並無都市優勢。但一九六〇年以
後出生者，若幼時居住於臺北市，較容易上大學。[25]

　　軍公教優勢方面，吳乃德與駱明慶皆支持此說。[26] 不過，陳婉琪、蘇國賢與喻維欣在模型中控制青少年期間父親的社經地位指標（ISEI），則父親任職於公部門對教育成就的正效應就不顯著了。[27] 換言之，公部門優勢有很大一部分來自於職業地位高。只要父親的職業地位與軍公教差不多（且其他條件相同），即使不是軍公教，子女的教育成就也差不多。吳乃德又於二〇一三年的論文指出，軍公教優勢不一定只來自學費補貼。他在調查中加入「是否接受學費補貼」的題目，證實學費補貼確實能解釋外省人的教育優勢。不過，對於一九五九年以前出生者而言，學費補貼無法完全解釋軍公教的正效應。吳乃德推測軍公教的「職業情境」亦有助於提高教育成就。[28]

　　此外，吳乃德曾提出「少子說」：外省家庭的子女人數較少，使每個人分配到較多教育資源。這個說法已經在許多研究中得到不同程度的支持。[29]

　　相較而言，「華語優勢說」（外省第二代講華語，在使用華語的教育體系中具有優勢）雖然持續獲得採用，但一直只是個假設，不曾真的經由資料檢驗。[30] 有些調查雖然請受訪者自評華語流利程度，但那測量的是調查當下的語言能力，更可能是教育成就的果，而不是因。我們應該詢問受訪者在受教育之前最主要的語言是什麼，才有可能釐清從小講華語是不是容易獲得更高教育成就，以及這能不能解釋外省人的教育優勢。

技職教育分流

　　上述關於教育成就的研究多以「就讀大學」為指標。[31] 過去曾有很長一段時間，就讀大學的最難關卡不在於高中升大學的門檻，而在於初中（國中）升高中的門檻。從一九七〇到一九九〇年，教育部幾乎凍結高中生名額增加，但大幅擴充技職學校（高職與專科學校）。高中生與高職生的人數比，於一九七五年達到 4：6，一九八一年達到 3：7。[32] 初中畢業後一旦進入技職教育體系，往後就讀大學的機會就很少了。[33] 從一九七四到一九九一年，技職教育體系只有一所臺灣工業技術學院（臺灣科技大學前身）授與學士學位，名額極少。換言之，多數人於初中畢業之際就離開升大學的路徑。

　　一九九七年，技職教育體系成立首批科技大學，並且從這一年起，大量專科學校陸續改制為技術學院或科技大學。從此，接受技職教育者取得學士文憑的機會大開，這是近年來高教擴張的主力。上述關於教育成就的研究，其觀察對象最晚出生於一九七〇年代。這些人還沒有科技大學可以就讀，且技術學院名額稀少，所謂「就讀大學」幾乎限於高中升大學的路徑。然而，一九八〇年代以後出生者多了技職學校升科技大學的路徑。若將這條路徑也標誌為「就讀大學」，則不同世代「就讀大學」的意涵並不一致。為了使不同世代「就讀大學」的意涵保持接近，且能夠跟過去的研究進行比較，我的分析將「就讀大學」範疇限於傳統高教體系（即教育部高等教育司管轄）。

　　初中畢業後的教育分流也與家庭背景相關。薛承泰發現，父母教育程度愈高者，愈傾向選擇高中而非高職。[34] 近年來廣設科技大

學，使就讀技職學校者取得學士文憑的機會大增。不過，就讀什麼
體系的大學依然與家庭背景相關。張宜君與林宗弘發現，優勢階級
子女較易進入高教體系大學；中下階層子女較易就讀技職體系大學
（尤其是私立）。[35] 那麼，家庭語言會不會影響初中後的教育分流
呢？過去沒有相關文獻討論，但我們不能排除這種可能。如同前
述，高教體系的大學生大多來自高中。假如從小講華語的人真的較
容易就讀（高教體系）大學，很可能早在初中畢業之際就選擇了高
中而非技職學校。

　　既然華語壟斷學科語言，從小在家裡講華語的人較容易感受自
身特質適合讀書的文化模式。另一方面，他們的父母也可能是高度
期待子女能讀書，才對他們講華語。如此，他們對於以學科為主的
升學路徑有相對強的偏好，即使學業能力不算突出，仍傾向選擇高
中。另一方面，臺語在技職學校對接的許多藍領工作或直接面對顧
客的職場中，似乎是有價值的資本。[36] 蔡淑鈴便曾指出，技術工人
的工作領域比其他階級更可能使用臺語。[37] 從小在家裡講臺語的
人，若學業表現不夠突出、考不上前段高中，也許相對容易接受未
來可與臺語職場對接的技職教育，而不是硬拚考大學。這或可對應
黃毅志指出的臺灣社會兩種向上流動路徑：前者是「萬般皆下品，
唯有讀書高」；後者是「黑手變頭家」。[38] 當然，上述推論尚待資料
檢驗。

資料與變項

解釋變項（學前語言）

　　二〇一七年臺灣社會變遷調查「社會階層組」新增一道過去沒有的題目：「請問您6歲時在家裡最常講哪一種語言呢？」為了捕捉最常說的一種語言，訪員只提示華語、臺語、客家話、原住民族語等四個選項，請受訪者選一種。當受訪者堅持有兩種以上時，才開放複數語言選項。這是一份可代表臺灣18~70歲人口的機率樣本。[39] 本章僅分析15歲以前居住於臺灣的受訪者。

　　考量不同世代的父母具有不同語言能力，我將樣本分成兩個世代觀察。一九四六至一九七五年出生者可稱為「戰後一代」。他們的父母大多生於終戰之前，華語能力相對受限，有些甚至無法說華語。一九七六年的龍年潮使大量戰後一代加入生兒育女行列。此後生育的父母大多同屬戰後一代，原則上皆受過華語教育，華語較流利。[40] 因此，一九七六至一九九六年出生者可稱為「戰後二代」。一九九七年以後出生者於調查當下未滿20歲，不納入分析。

　　如表7-1所示，在戰後一代中，主要是外省人的子女（即外省二代）從小在家裡說華語。可能讓人略感意外的是，其實只有將近半數的外省二代幼時生活在純華語環境中。還有四分之一的外省二代，小時候也是講臺語為主。如此看來，外省人等於說華語的刻板印象似乎是誇大了。究其原委，二戰後移入臺灣的外省籍人口男女比高達375：100（詳見本書第六章）。很多外省二代的父親雖然是外省籍，但母親是臺灣本籍，因此小時候仍有說本土語言（大多是

表7-1：6歲時家庭語言按出生世代與父親族群分

父族群	華語	臺語	客語	其他	華+臺	華+客	華+其他	人數
				1946~1975出生				
外省人	49.6%	25.6%	3.3%	3.3%	17.4%	0.0%	0.8%	121
福佬人	3.0%	93.1%	0.4%	0.1%	3.4%	0.0%	0.0%	742
客家人	5.1%	8.8%	75.9%	0.0%	2.9%	7.3%	0.0%	137
原住民	7.7%	7.7%	0.0%	76.9%	0.0%	0.0%	7.7%	13
				1976~1996出生				
外省人	86.4%	6.8%	0.0%	0.0%	6.8%	0.0%	0.0%	59
福佬人	29.0%	51.3%	0.9%	0.0%	18.9%	0.0%	0.0%	583
客家人	47.2%	11.1%	27.8%	0.0%	7.4%	6.5%	0.0%	108
原住民	94.7%	0.0%	0.0%	0.0%	0.0%	0.0%	5.3%	19

注：其他包含原住民族語、外省家鄉話；人數為加權後。
資料來源：2017年臺灣社會變遷調查社會階層組

臺語）的機會。以本次調查而言，生於一九四六至一九七五年的外省子女當中，高達 63% 有個福佬母親；另有 9.2% 的母親是客家人、4.2% 的母親是原住民；只有 23.5% 的母親也是外省人。

　　戰後一代的福佬人、客家人、原住民子女，小時候大多說自己的母語。詳言之，福佬子女有 93.1% 說臺語、客家子女有 75.9% 說客語、原住民子女有 76.9% 說族語。然而，戰後二代出現明顯的語言轉移，父母對他們說華語的比率大增。尤其是族語使用人口稀少的原住民，幾乎放棄族語。客家人有將近一半轉為純華語家庭。福佬人的語言原本是民間通用語，抵抗華語的力道較強，不過也有近三成轉為純華語家庭。

依變項（教育成就）

延續諸多教育成就研究的傳統，本章也以「就讀大學」作為依變項之一。如表 7-2 所示，一九四六至一九七五年出生的戰後一代中，外省子女（即外省二代）就讀大學的比率將近福佬子女的兩倍。客家子女就讀大學的機會與福佬子女差不多；原住民子女的機會最小。這與過去文獻揭露的圖像並無二致。也許讓許多人感到意外的是，到了一九七六至一九九六年出生的戰後二代，外省子女（主要是外省三代）就讀大學的比率仍然將近福佬子女的兩倍，一點都沒有縮小。過去許多研究指出外省教育優勢隨出生年增加而逐漸減弱。[41] 為什麼在更晚出生的世代中，依然見到如此鮮明的差異

表7-2：最高學歷按出生世代與父親族群分

父族群	未就學	小學	初中	高中	高職	專科	技大	大學以上	人數
1946~1975出生									
外省人	0.8%	2.5%	10.1%	8.4%	24.4%	24.4%	4.2%	25.2%	119
福佬人	0.7%	15.3%	20.0%	5.0%	27.9%	15.8%	1.9%	13.4%	745
客家人	0.0%	10.3%	19.1%	0.0%	34.6%	19.1%	2.9%	14.0%	136
原住民	0.0%	38.5%	7.7%	7.7%	30.8%	7.7%	0.0%	7.7%	13
1976~1996出生									
外省人	0.0%	0.0%	3.3%	0.0%	11.7%	8.3%	18.3%	58.3%	60
福佬人	0.0%	0.3%	3.8%	1.7%	22.8%	14.1%	26.0%	31.2%	580
客家人	0.0%	0.0%	4.6%	3.7%	23.1%	8.3%	31.5%	28.7%	108
原住民	0.0%	0.0%	15.0%	0.0%	55.0%	10.0%	15.0%	5.0%	20

注：高職含高中職業科；技大為科技大學、技術學院；大學不含技職體系；人數為加權後。
資料來源：2017 年臺灣社會變遷調查社會階層組

呢？我將在完成主要分析之後附帶討論。

從表 7-2 還可看到，戰後一代很少人就讀技職體系大學。即使表中數字已算進工作多年後再去就讀者，比率仍然很低。隨著一九九七年起廣設科技大學，戰後二代就讀技職體系大學的比率激增。其中，外省子女比其他族群較少接受技職教育（高職、專科、技職大學合計），值得留意。

本次調查不僅詢問最高學歷，也追溯受訪者初中畢業後依序就讀的每一所學校，故可觀察升學路徑。表 7-3 列出初中後第一次升學與第二次升學的各種機率。例如，戰後一代樣本中有 624 名福佬子女讀到初中畢業，其中 22.0%（137 人）繼續就讀高中、48.1%

表7-3：升學階梯機率按出生世代與父親族群分

父族群	初中畢業數	初中升高中	初中升高職	初中升專科	高中升大學	高職升大學	專科升大學
1946~1975出生							
外省人	115	28.7%	49.6%	10.4%	61.8%	0.0%	16.7%
福佬人	624	22.0%	48.1%	6.1%	50.4%	1.7%	16.2%
客家人	122	17.2%	54.1%	7.4%	72.7%	0.0%	22.2%
原住民	7	14.3%	71.4%	0.0%	0.0%	0.0%	--
1976~1996出生							
外省人	59	45.8%	42.4%	8.5%	96.3%	16.7%	50.0%
福佬人	578	29.4%	60.2%	6.6%	78.2%	4.9%	15.8%
客家人	106	31.1%	59.4%	4.7%	81.8%	4.8%	0.0%
原住民	19	0.0%	84.2%	0.0%	--	0.0%	--

注：高職含高中職業科；大學不含技職體系；升大學指初中畢業後的第二所學校；人數為加權後。

資料來源：2017 年臺灣社會變遷調查社會階層組

就讀高職、6.1% 就讀專科學校。在就讀高中的 137 人當中，又有 50.4%（69 人）繼續上大學。其餘依此類推。顯而易見，初中畢業後只有相對少數的人就讀高中；但是就讀高中者，過半可以升大學。相較之下，就讀高職者很少能夠升大學；專科升大學的機率高於高職升大學，但比起高中升大學仍有很大差距。這呼應上一節指出的：就讀大學的最難關卡不在於高中升大學的門檻，而在於初中升高中的門檻。值得注意的是，外省人就讀大學的優勢，很大一部分在初中升高中之際就產生了。

控制變項

本章除了檢驗學前階段講華語是否比較容易上大學，也檢驗一個獲得廣泛接受的預設：外省人的教育優勢部分來自於從小講華語。為此，過去文獻中用來解釋外省優勢的其他因素，也都作為控制變項納入分析中，分述如下。

（1）15 歲前居住地。「都市優勢說」指出：外省人集中居住於教育資源豐富的大都市，因而獲得較高教育成就。面對這個說法，後續分析控制 15 歲以前居住最久的地方，分為：臺北市、臺北周邊（臺北縣、基隆市）、中南高（縣市合併前的臺中市、臺南市、高雄市）、其他縣。二十世紀後半，高雄、臺中、臺南是臺灣的第二至第四大都市，其資源雖然比不上首都，仍勝過多數地區。此外，臺北縣、基隆市鄰近臺北市，可分享部分首都資源，因而特別區分出來。

（2）親代軍公教。「軍公教優勢說」指出：外省人就業集中於

軍公教部門，其子女享有學費補貼，因而獲得較高教育成就。為此，我將 15 歲時雙親中至少一人任職於政府部門編碼為「親代軍公教」，作為控制變項。

（3）兄弟姊妹數。「少子說」指出：外省家庭的子女人數較少，使每個人分配到較多教育資源，因而獲得較高教育成就。因應這個說法，受訪者的兄弟姊妹數量也納入控制。

（4）親代教育年數。當然，父母的教育程度是社會階層研究必備的黃金變項。為了節省自由度，我將各種教育程度濃縮為一個變項：未就學 0 年、小學 6 年、初中 9 年、高中職 12 年、專科 14 年、大學 16 年、碩士 18 年、博士 22 年。這未必是受訪者的實際求學年數，毋寧是一種理想年數。我採取雙親中教育年數較長者代表親代教育年數。

（5）親代職業地位。為求嚴謹，我也考慮 15 歲時父母的職業地位，雖然得付出流失一些樣本點的代價。職業地位採用甘澤布（Harry Ganzeboom）等人提出的國際社經地位指標（ISEI），介於 10 分到 90 分之間。因本次調查採取的職業編碼為 ISCO2008，故使用甘澤布於網頁上提供的 ISCO2008 轉 ISEI 版本。[42] 我採取雙親中 ISEI 較高者代表親代職業地位。

分析一：就讀大學

延續諸多教育成就研究的傳統，本節也針對不分學歷的人口，分析誰可以「就讀大學」。至於更細緻的升學路徑與技職分流，留

待下一節分析。考量原住民樣本點不足，從表 7-4 到表 7-7 的多變項分析皆不包含原住民。

「就讀大學」是個二元變項，因此這裡透過一系列二元邏輯迴歸（參見本書第三章說明），檢驗學前階段講華語是否比較容易上大學。表 7-4 的分析先不區分世代，以求較大的樣本規模。為了一併檢驗外省子女的教育優勢是否來自於從小講華語，M1-1 只放人口變項與父親族群，M1-2 才加入 6 歲時家庭語言。假如從小講華語真的可以解釋外省子女的教育優勢，那麼加入學前語言後，外省人的正係數應該明顯縮小。M1-3 再加入「都市優勢說」、「軍公教優勢說」、「少子說」的相關變項。最後，M1-4 加入社會階層研究的關鍵變項：上一代的教育年數與職業地位。

首先，M1-2 的估計相當符合普遍想像。6 歲時常在家裡講華語的人，即使混雜其他語言，都比不講華語的人更可能就讀大學（「華語」、「華語＋其他」的係數皆顯著大於 0）。另一方面，考慮學前語言後，外省人的係數由 M1-1 的 0.817 縮小為 M1-2 的 0.426，幾乎減半。這意味若給定相同的學前語言，外省子女的教育優勢不像表面上那麼大。

M1-3 加入其他常用來解釋外省優勢的因素後，外省優勢就完全被解釋掉了。亦即，外省人的係數趨近於 0。而且，幾個變項的表現也都符合普遍想像：15 歲前住在臺北市、雙親中有人任職於政府部門，都提高就讀大學的勝算（係數顯著大於 0）；兄弟姊妹數量愈多，則降低就讀大學的勝算（係數顯著小於 0）。考慮上述因素後，6 歲時最常講華語的正效應縮小（係數 0.723 → 0.476），

表7-4：就讀大學的二元邏輯迴歸

	M1-1	M1-2	M1-3	M1-4
女	0.138 (0.125)	0.121 (0.126)	0.218 (0.131)	0.286* (0.137)
出生年	0.054** (0.005)	0.043** (0.006)	0.031** (0.007)	0.013 (0.007)
父親族群				
（對照福佬人）				
外省人	0.817** (0.189)	0.426* (0.211)	-0.034 (0.228)	0.044 (0.243)
客家人	-0.048 (0.188)	-0.151 (0.192)	-0.055 (0.201)	-0.105 (0.208)
6歲家庭語言				
（對照非華語）				
華語		**0.723** (0.172)**	**0.476** (0.179)**	**0.146 (0.190)**
華語＋其他		**0.426* (0.196)**	**0.223 (0.201)**	**-0.028 (0.211)**
15歲前居住地				
（對照其他縣）				
臺北市			0.568** (0.209)	0.136 (0.224)
臺北周邊			0.226 (0.181)	0.208 (0.189)
中南高			0.001 (0.209)	-0.304 (0.222)
親代公教			1.043** (0.193)	0.116 (0.222)
兄弟姊妹數			-0.279** (0.057)	-0.176** (0.060)
親代教育年數				0.151** (0.024)
15歲親代ISEI				0.021** (0.005)
常數	-4.817** (0.345)	-4.288** (0.364)	-2.947** (0.534)	-3.999** (0.578)
觀察數	1590	1590	1590	1590
Nagelkerke R^2	0.136	0.151	0.212	0.298

注：大學不含技職體系；出生年為民國年；括弧內為標準誤；* p<0.05, ** p<0.01。

且「華語＋其他語言」的正效應不再顯著。進一步檢查,原因是住在臺北市或軍公教子女較可能從小講華語,而這些人也較容易上大學。同時考慮這些因素後,從小講華語與就讀大學的正關聯沒有表面上那麼大。

　　重點是,一旦考慮父母的教育年數與職業地位(ISEI),6歲講華語、住臺北市、親代軍公教的正效應全部消失殆盡(M1-4)。也就是說,父母的教育程度與職業地位才是影響子女是否就讀大學的關鍵原因。若父母的教育程度或職業地位愈高,愈可能住臺北市、愈可能是軍公教、愈可能對孩子講華語,同時子女也愈可能就讀大學。但是,從小講華語、住臺北市、軍公教子女這些條件與就讀大學沒有直接關聯。如果我們忽略真正原因(父母的教育程度與職業地位),就會看到表面上的虛假關聯。

　　表7-5的分析將樣本分為兩個世代比較。先看M2-1與M3-1,若未控制家庭背景,戰後二代的外省教育優勢更勝於戰後一代(1.075 > 0.596)。這個謎題留待後頭討論。再比較M2-2與M3-2,戰後一代幼時講華語的正效應大於戰後二代(「華語」係數:0.978 > 0.644;「華語＋其他」係數:0.818 > 0.337)。更重要的是,一旦加入其他控制變項,6歲家庭語言的效應不復存在(M2-3與M3-3的語言係數皆不顯著)。無論是父母華語能力相對受限的戰後一代,還是父母華語較流利的戰後二代,從小講華語都沒有比較容易上大學。同樣地,父親族群與就讀大學的機會也沒有直接關聯。真正關鍵還是父母的教育程度與職業地位。

　　既然從小講華語與就讀大學無關,外省人的教育優勢便不是來

表7-5：就讀大學的二元邏輯迴歸（區分世代）

	1946~1975出生			1976~1996出生		
	M2-1	M2-2	M2-3	M3-1	M3-2	M3-3
女	-0.062 (0.188)	-0.116 (0.191)	0.042 (0.209)	0.299 (0.170)	0.292 (0.171)	0.461* (0.187)
出生年	0.055** (0.013)	0.048** (0.013)	0.033* (0.015)	0.082** (0.014)	0.070** (0.015)	0.032 (0.017)
父親族群						
外省人	0.596* (0.252)	-0.026 (0.327)	-0.237 (0.369)	1.075** (0.305)	0.758* (0.322)	0.223 (0.364)
客家人	-0.051 (0.287)	-0.154 (0.294)	0.004 (0.317)	-0.056 (0.250)	-0.177 (0.255)	-0.235 (0.279)
6歲家庭語言						
華語		**0.978** **(0.336)**	**0.220** **(0.378)**		**0.644** **(0.206)**	**0.146** **(0.230)**
華語＋其他		**0.818*** **(0.348)**	**0.214** **(0.384)**		**0.337** **(0.242)**	**-0.046** **(0.261)**
15歲前居住地						
臺北市			0.085 (0.306)			0.116 (0.342)
臺北周邊			0.096 (0.331)			0.282 (0.239)
中南高			-0.129 (0.340)			-0.389 (0.297)
親代公教			0.052 (0.298)			0.141 (0.351)
兄弟姊妹數			-0.197** (0.075)			-0.169 (0.105)
親代教育年數			0.109** (0.032)			0.207** (0.040)
15歲親代ISEI			0.027** (0.007)			0.017** (0.007)
常數	-4.674** (0.678)	-4.330** (0.682)	-4.593** (0.984)	-7.063** (1.090)	-6.424** (1.120)	-6.091** (1.291)
觀察數	954	954	954	636	636	636
Nagelkerke R^2	0.052	0.071	0.239	0.103	0.122	0.279

注：大學不含技職體系；出生年為民國年；括弧內為標準誤；* p<0.05, ** p<0.01。

自於從小講華語。事實上，影響教育成就的關鍵因素是父母的教育程度與職業地位。高學歷、高地位的父母無論對子女講什麼語言，子女就讀大學的機會差不多一樣高。而低學歷、低地位的父母即使刻意對孩子講華語，也不會提高其上大學的機會。相較於社會階層強大的代間複製能力，刻意在孩子入學前講華語顯得徒勞無益。

分析二：升學路徑與教育分流

　　學前家庭語言對教育成就的長遠影響，也可能發生於初中畢業之際。表 7-6 的 M4 以初中畢業後是否繼續升學為依變項。再一次，我們看到升學與否的關鍵仍然是父母的教育程度與職業地位。只要給定相同家庭背景，入學前在家裡講華語不會比較容易升學（「華語」、「華語＋其他」的係數皆不顯著）。換言之，學前階段在家裡若不講華語，不會使人落入無法升學的低教育成就。

　　初中畢業後繼續升學的人，面臨要走高中升大學路徑、或是技職教育路徑的抉擇。M5 針對初中畢業後繼續升學的人，檢視其就讀的第一所學校是否為高中（對照技職學校）。分析結果顯示，父母的教育程度或職業地位愈高，子女愈可能選擇高中（係數為顯著正值）；兄弟姊妹數量愈多，愈不容易就讀高中（係數為顯著負值）。由於就讀高中者過半可以上大學（見表 7-3），上述關聯與就讀大學的情形基本一致（對照 M1-4）。

　　在此，學前家庭語言終於出現顯著效應。6 歲時最常講華語的人，比較可能選擇高中升大學路徑；相較於講其他語言的人，勝算

表7-6：初中後升學路徑的二元邏輯迴歸

	初中後升學	升學者讀高中	高中後讀大學
	M4	**M5**	**M6**
女	0.242 (0.174)	0.110 (0.133)	0.381 (0.258)
出生年	0.058** (0.010)	-0.025** (0.007)	0.042** (0.013)
父親族群			
外省人	-0.002 (0.365)	-0.620* (0.245)	1.220* (0.495)
客家人	-0.113 (0.252)	-0.153 (0.199)	0.694 (0.418)
6歲家庭語言			
華語	**0.015** **(0.366)**	**0.469**** **(0.188)**	**-0.435** **(0.382)**
華語＋其他	**0.699** **(0.457)**	**-0.151** **(0.214)**	**-0.393** **(0.452)**
15歲前居住地			
臺北市	-0.167 (0.334)	0.362 (0.214)	-0.681 (0.369)
臺北周邊	-0.402 (0.260)	0.257 (0.187)	0.232 (0.361)
中南高	-0.277 (0.311)	-0.267 (0.215)	0.307 (0.461)
親代公教	0.700 (0.443)	-0.082 (0.216)	0.251 (0.381)
兄弟姊妹數	-0.037 (0.051)	-0.150** (0.057)	-0.062 (0.109)
親代教育年數	0.146** (0.029)	0.136** (0.024)	0.118* (0.047)
15歲親代ISEI	0.030** (0.007)	0.018** (0.004)	0.008 (0.008)
常數	-3.247** (0.688)	-0.884 (0.557)	-3.343** (1.025)
觀察數	1400	1188	375
Nagelkerke R^2	0.306	0.188	0.251

注：大學不含技職體系；出生年為民國年；括弧內為標準誤；* p<0.05, ** p<0.01。

比為 1.6 倍（$=e^{0.469}$）。會不會是因為他們學業比較好，考得上高中？然而，上一節已指出，6 歲時最常講華語的人最終沒有比較容易上大學。由此可見，這群人平均學業能力不見得比較好，而是更執著於高中升學路徑。

M6 分析初中畢業後就讀高中的人，後來是否讀到大學（不限初中畢業後的第二所學校）。結果顯示，6 歲時最常講華語的人不但沒有占到便宜，甚至出現些微負效應。但限於樣本只有 375 人，這個負效應難以達到 0.05 的顯著水準。一個合理解釋是：華語群體中有些學業能力不突出的人，即使選擇高中升學路徑，終究沒有考上大學。相較之下，從小講其他語言的人可能得擁有比前者更突出的學業表現，例如考上前段高中，才會嘗試高中升大學的路徑。

假設有三個初中畢業後繼續升學的人，金龍是幼時講華語的福佬子女、進財是幼時講臺語的福佬子女、台生是幼時講華語的外省子女，其他條件全部相同。按照 M5 估計，金龍選擇高中的勝算是進財的 1.6 倍（$=e^{0.469}$）、台生的 1.86 倍（$=e^{0.62}$）。如此看來，入學前就在家裡講華語的福佬子女，選擇高中升學路徑的傾向特別強烈。原因很可能是：相信「唯有讀書高」的福佬家庭，刻意在孩子入學前對他們講華語。只不過，這樣的選擇似乎沒有換來就讀大學的優勢。

接下來，檢視從小講臺語的人是否相對親近技職教育？表 7-7 的 M7 分析初中畢業後繼續升學的人是否接受技職教育（高中職業科、高職、專科學校）。結果符合預期：6 歲時在家裡常講臺語的人，即使混雜其他語言，都比不講臺語的人更可能接受技職教育。

表7-7：初中後技職分流的二元邏輯迴歸（臺語的影響）

	升學者受技職教育
	M7
女	-0.113 (0.133)
出生年	0.025** (0.007)
父親族群	
外省人	0.645** (0.246)
客家人	0.424 (0.233)
6歲家庭語言（對照非臺語）	
臺語	**0.507** **(0.191)**
臺語＋其他	**0.612** **(0.232)**
15歲前居住地	
臺北市	-0.364 (0.214)
臺北周邊	-0.275 (0.186)
中南高	0.250 (0.215)
親代公教	0.085 (0.216)
兄弟姊妹數	0.151** (0.057)
親代教育年數	-0.136** (0.024)
15歲親代ISEI	-0.017** (0.004)
常數	0.416 (0.623)
觀察數	1188
Nagelkerke R^2	0.188

注：技職教育為高中職業科、高職、專科學校；出生年為民國年；括弧內為標準誤；*
p<0.05，** p<0.01。

具體而言，6 歲時最常講臺語相較於非臺語，接受技職教育的勝算比為 1.7 倍（$=e^{0.507}$）；混雜臺語（華語＋臺語）相較於沒有臺語，接受技職教育的勝算比為 1.8 倍（$=e^{0.612}$）。會不會是因為他們學業比較差，考不上高中？然而，上一節已指出，6 歲時不講華語的人最終沒有比較難上大學。由此可見，這群人平均學業能力不見得比較差，而是不那麼執著於高中升學路徑。只要考不上前段高中，相對容易接受未來可與臺語職場對接的技職教育，而不是硬拚考大學。

比較 M5 與 M7，可以發現華語與臺語的效果不對稱。只有華語單語者明顯傾向高中升學路徑；華語加上其他語言的雙語者並不執著於「唯有讀書高」。臺語方面，只要學前階段常講，無論單語還是雙語，都相對容易接受技職教育。

總而言之，本節分析結果顯示：從小講華語的人，初中畢業後相對傾向高中升大學路徑；從小講臺語的人，初中畢業後相對親近技職教育。

分析三：再次浮現的外省教育優勢

過去許多研究指出，即使不控制家庭背景，也能看到外省教育優勢逐漸減弱的趨勢。[43] 奇妙的是，本次調查發現一九七六至一九九五年出生的外省子女，其教育優勢居然更勝上一個世代。難道這與過去的發現相反嗎？仔細檢視，上述文獻的觀察對象最晚生於一九七〇年代，主要是外省二代。而本研究涵蓋了先前研究看不

到的外省三代。也許，外省二代確實呈現教育優勢逐漸減弱的趨勢。但隨著外省三代降臨，教育優勢再度浮現。可能嗎？外省人特有的歷史脈絡使這種變化軌跡成為可能。

根據最新解密檔案，二戰後移入臺灣的外省籍人口略多於 102 萬人（詳見本書第六章）。其中，退輔會統計在內的軍人數量達 58 萬人。[44] 直到一九五九年，現役軍人中只有軍官、軍用文官、技術軍士可以結婚，其餘低階軍人都不准結婚。[45] 一九五九年八月十三日修正公布的「戡亂時期軍人婚姻條例」放寬規定：男年滿 25 歲、服役滿 3 年且符合若干條件，可以申請結婚。[46] 由此可見，能夠在一九五九年以前生兒育女的外省人通常擁有較高地位。一九六〇年以後，低階外省軍人才開始生兒育女，而且愈弱勢者愈晚結婚生子。如此，在外省二代中，愈晚出生者有愈多低社經地位者，導致整體教育優勢減弱甚至消失。等到一九七〇年代後期，高階外省二代開始生育第三代。這批人普遍擁有高學歷與高地位，其子女的教育優勢就再度浮現了。

為了清楚表明這種變化軌跡，先前定義的戰後一代在此細分為禁婚令世代（一九四六至一九五九年出生）與解禁後世代（一九六〇至一九七五年出生）。如圖 7-1 所示，解禁後世代的外省子女，其父母學歷的領先幅度不如禁婚令世代。但是一九七六年以後出生的外省子女（主要是外省三代），其父母學歷的領先幅度再度擴大。圖 7-2 比較 15 歲時親代職業地位（ISEI）的族群差異，看到的圖像也差不多。

過去許多研究分析外省二代，剛好看到地位愈低者愈晚生子的

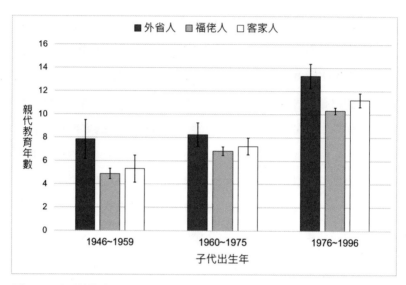

圖7-1：親代教育年數（按出生世代與父親族群分）

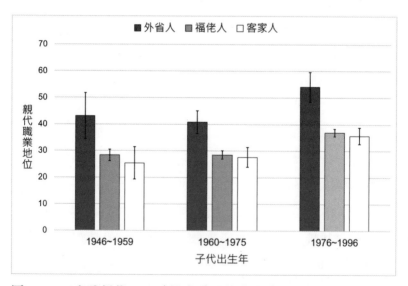

圖7-2：15歲時親代ISEI（按出生世代與父親族群分）

現象，尚未預見外省三代再度浮現的家庭背景優勢。駱明慶的分析樣本雖止於一九七四年出生者，但利用家庭背景去預測一九七五至一九八九年出生者的教育成就，正確預言「未來省籍間教育成就的差異將會持續存在」。[47] 我們也可以預期，當低階外省二代所生的第三代大量進入樣本時，外省人的教育優勢又會再度縮小。只不過，由於生育步調參差不齊，外省三代優勢縮小的趨勢會比外省二代模糊。

結論

經由數十年「國語政策」的宰制，臺灣民眾普遍接受：說華語象徵教育程度高、社會地位高，且有助於向上流動。在此種心態驅使下，許多原以臺灣本土語言為主的人士期待孩子入學前就在家裡講華語，其教育成就才不會輸在起跑點上。許多學術論文也假設外省人的教育優勢部分來自於講華語。然而，入學前在家裡講華語，真的有助於獲得更高教育成就嗎？

本研究發現，如果忽略父母的教育程度與職業地位，從小講華語的人看起來是比較容易上大學。然而，這是虛假關聯。事實上，影響教育成就的關鍵因素是父母的教育程度與職業地位。父母的教育程度或職業地位愈高，愈可能對孩子講華語，同時子女也愈可能上大學；但是從小講華語與上大學沒有直接關聯。換言之，高學歷、高地位的父母無論對孩子講什麼語言，其子女就讀大學的機會差不多一樣高。而低學歷、低地位的父母即使刻意對孩子講華語，

也不會提高上大學的機會。以「入學前講華語」來解釋外省人的教育優勢，因而得不到資料支持。

從文化資本理論來思考，入學前熟悉學校認可的權威語言，理應較容易適應學校的文化模式，進而獲得好成績。臺灣的教育體系長年來以華語為教學語言，並以華語文進行升學考試。為何學前階段講華語的人沒有贏在起跑點，更容易上大學呢？也許，這裡的分析沒有考慮到口音問題。許慧如採用口語偽裝法（verbal guise technique），讓受測者聽五種華語口音並給出評價。結果受測者普遍覺得「外省第二代國語」的言說者聽起來學業優於一般臺灣華語言說者，而「臺灣國語」的言說者聽起來學業最差。[48] 假如人們在家裡學到的是不標準的華語，反而在教育體系中遭受支配群體的輕蔑，帶來反效果。也或許，關鍵不在於表層的語言本身，而是承載於語言中的某種幽微的文化模式。高學歷父母即使跟孩子講臺語，可能對於學校的種種規矩並不陌生。而低學歷父母就算對孩子講華語，可能還是沒有深刻掌握升學體系的文化。這只是一種初步的想法，尚待更細膩的考察。

我並不否認使用權威語言的能力有助於提升教育成就或社經地位。高學歷、高地位者的子女即使從小在家講臺語，也許入學之後還是有本事把華語學得非常好。受限於資料，這裡無法直接考察學前家庭語言與語言能力的關聯，有待進一步調查研究。我也沒有預設6歲講什麼語言，以後都不會改變。人生不同階段的語言實踐都可能對教育成就或社經地位產生影響。本章僅能考察教育起跑點上的語言差異是否產生長遠影響。至於如何分析生命歷程中複雜的語

言動態及其影響，是相當困難的挑戰。

　　幼時家庭語言對教育成就的長遠影響，目前能證實的是：初中畢業後的升學路線選擇。出身於華語家庭的人對讀書有更高期待（或被期待），就算學業能力不突出，也比其他人更傾向就讀高中，力拚考上大學。只不過，小時候講華語並不會讓他們更容易考上大學。相對而言，出身於臺語家庭的人較親近技職教育。也許是因為技職教育對接的許多職場中，臺語很有價值。臺語人只要自覺讀書讀不贏人，就傾向選擇這個未來可能用得上臺語的路線。經由「黑手變頭家」，許多走技職路線的臺語人日後成為小雇主。這呼應陳婉琪與溫郁文的發現：臺語能力提高人們成為小雇主的機會。[49]

注釋

1　華語指二戰後人們慣稱的「國語」。唯《國家語言發展法》實施後，臺灣各種本土語言都是國家語言，亦即「國語」應該是複數而非單數。以華語稱呼原先的「國語」漸成趨勢，本書也採用這個稱呼。

2　Shu-ling Tsai, "Language Skills and Status Attainment in Taiwan," *Journal of Language, Identity, and Education* 9:4 (2010), pp. 229-249.

3　Su-Chiao Chen, "Multilingualism in Taiwan," *International Journal of the Sociology of Language* 205 (Oct., 2010), pp. 79-104.

4　Karl-Eugen Feifel, *Language Attitudes in Taiwan: A Social Evaluation of Language in Social Change* (Taipei: Crane, 1994)；陳麗君，〈台灣文學／語文系所學生與其他系所學生語言意識和態度的比較〉，《臺灣語文研究》11:2（2016 年 10 月），頁199-232。

5　Fu-ch'ang Wang, *The Unexpected Resurgence: Ethnic Assimilation and Competition in Taiwan, 1945-88* (Doctoral dissertation of the University of Arizona, 1989); Shu-ling Tsai, "Social Change and Status Attainment in Taiwan: Comparisons of Ethnic Groups," *International Perspectives on Education and Society* 2 (1992), pp. 225-256; Jui-Chang Jao and Matthew McKeever, "Ethnic Inequalities and Educational Attainment in Taiwan," *Sociology of Education* 79:2 (Apr., 2006), pp. 131-152; 吳乃德，〈檳榔和拖鞋，西裝及皮鞋：台灣階級流動的族群差異及原因〉，《台灣社會學研究》1（1997 年 12 月），頁 137-167。

6　〈臺灣省政府教育廳函令／事由：函送（檢發）臺灣省公私立中小學校加強推行國語注意事項，函請轉飭（令希遵照）辦理〉，《臺灣省政府公報》52 秋 21（1963 年 7 月 24 日），頁 4-5。

7　〈臺灣省政府令／事由：檢發「臺灣省加強推行國語實施計劃」，令希切實遵辦〉，《臺灣省政府公報》60 秋 8（1971 年 7 月 9 日），頁 7-9。

8　但是講各種官話方言（Mandarin dialects），如山東話、四川話之類，通常不會被處罰。禁說「方言」明顯是針對臺灣本土語言。

9　黃宣範，《語言、社會語族群意識：台灣語言社會學研究》（新版四刷，臺北：文鶴，1994），頁 57-58。

10　〈臺灣省政府令／事由：檢發「臺灣省加強推行國語實施計劃」，令希切實遵辦〉，頁 8。

11　黃宣範，《語言、社會語族群意識：台灣語言社會學研究》，頁 57。

12　〈臺灣省政府令／事由：檢發「臺灣省加強推行國語實施計劃」，令希切實遵辦〉，頁 9。

13　蘇致亨，《毋甘願的電影史：曾經，臺灣有個好萊塢》（臺北：春山，2020）。

14　洪惟仁，《台灣語言危機》（臺北：前衛，1992），頁48。

15　〈臺灣省政府教育廳函／事由：為釋示教會使用羅馬拼音一案，函請查照並轉知〉，《臺灣省政府公報》46冬12（1957年10月15日），頁192。

16　李台元，《台灣原住民族語言的書面化歷程》（臺北：政大出版社，2016），頁118。

17　葉高華，〈臺灣民眾的家庭語言選擇〉，《臺灣社會學刊》62（2017年12月），頁79-81。

18　例如，二〇一九年公共電視劇集《我們與惡的距離》中，講臺語的人是殺人犯父母、精神異常者、黑道兄弟、貪汙議員，因而引發議論。

19　Peirre Bourdieu and Jean-Claude Passeron, *Reproduction in Education, Society and Culture* (CA: Sage, 1977).

20　David Corson, *Language, Minority Education and Gender: Linking Social Justice and Power* (Clevedon: Multilingual Matters, 1993).

21　陳婉琪、溫郁文，〈講啥米話咁唔要緊？語言資本對族群間職業取得差異的影響〉，《臺灣社會學刊》44（2010年6月），頁1-54。

22　Fu-ch'ang Wang, *The Unexpected Resurgence: Ethnic Assimilation and Competition in Taiwan, 1945-88*, p. 240.

23　Shu-ling Tsai, "Social Change and Status Attainment in Taiwan: Comparisons of Ethnic Groups."

24　駱明慶，〈教育成就的省籍與性別差異〉，《經濟論文叢刊》29:2（2001年6月），頁117-152。

25　陳婉琪，〈族群、性別、與階級：再探教育成就的省籍差異〉，《台灣社會學》10（2005年12月），頁1-40。

26　吳乃德，〈檳榔和拖鞋，西裝及皮鞋：台灣階級流動的族群差異及原因〉；駱明慶，〈教育成就的省籍與性別差異〉。

27　陳婉琪，〈族群、性別、與階級：再探教育成就的省籍差異〉；蘇國賢、喻維欣，〈台灣族群不平等的再探討：解釋本省／外省族群差異的縮減〉，《臺灣社會學刊》39（2007年12月），頁1-63。

28　吳乃德，〈高等教育成就的族群差異：學費補貼、職業情境、與世代差異〉，《臺灣社會學刊》52（2013年6月），頁1-30。

29　吳乃德，〈檳榔和拖鞋，西裝及皮鞋：台灣階級流動的族群差異及原因〉；駱明慶，〈教育成就的省籍與性別差異〉；陳婉琪，〈族群、性別、與階級：再探教育成就的省籍差異〉；吳乃德，〈高等教育成就的族群差異：學費補貼、職業情境、與世代差異〉；Jui-Chang Jao and Matthew McKeever, "Ethnic Inequalities and

Educational Attainment in Taiwan."

30　如：吳乃德，〈檳榔和拖鞋，西裝及皮鞋：台灣階級流動的族群差異及原因〉；Jui-Chang Jao and Matthew McKeever, "Ethnic Inequalities and Educational Attainment in Taiwan."

31　吳乃德，〈高等教育成就的族群差異：學費補貼、職業情境、與世代差異〉；陳婉琪，〈族群、性別、與階層：再探教育成就的省籍差異〉；陳婉琪，〈再探台灣的都市教育優勢：集體社會化論的可能性〉，收錄於謝雨生、傅仰止編，《台灣的社會變遷 1985~2005：社會階層與勞動市場，台灣社會變遷基本調查系列三之 3》（臺北：中央研究院社會學研究所，2012），頁 143-184；蔡淑鈴，〈高等教育的擴展對教育機會分配的影響〉，《台灣社會學》7（2004 年 6 月），頁 47-88；駱明慶，〈教育成就的省籍與性別差異〉；駱明慶，〈升學機會與家庭背景〉，《經濟論文叢刊》32:4（2004 年 12 月），頁 417-445。

32　鄭志鵬，〈依賴發展型技能形成體制：重訪台灣工業職業教育制度的歷史發展與轉變（1949-1986）〉，《台灣社會學》40（2020 年 12 月），頁 9-10。

33　蔡淑鈴，〈高等教育的擴展對教育機會分配的影響〉。

34　薛承泰，〈影響國初中後教育分流的實證分析：性別、省籍與家庭背景的差異〉，《臺灣社會學刊》20（1996 年 10 月），頁 49-84。

35　張宜君、林宗弘，〈臺灣的高等教育擴張與階級複製：混合效應維續的不平等〉，《臺灣教育社會學研究》15:2（2015 年 12 月），頁 85-129。

36　一位於一九九○年代就讀高職機械科的報導人表示，實習課的師傅都講臺語、同學之間也講臺語，於是數學老師也對他們用臺語上課。技職學校中哪些領域較流行臺語，值得擴大調查。

37　蔡淑玲，〈語言使用與職業階層化的關係：比較台灣男性的族群差異〉，《台灣社會學》1（2001 年 6 月），頁 65-111。

38　黃毅志，《臺灣的教育分流、勞力市場階層結構與地位取得》（臺北：心理，2011）。

39　調查方法參見：傅仰止、蘇國賢、吳齊殷、廖培珊、謝淑惠，《台灣社會變遷基本調查計畫第七期第三次調查計畫執行報告書》（臺北：中央研究院社會學研究所，2018）。

40　樣本中，一九七三至一九七五年出生者的父親有 60.9% 是戰前世代、母親有 18.4% 是戰前世代；一九七六至一九七八年出生者的父親只有 26.5% 是戰前世代、母親有 6.7% 是戰前世代。由此可見，一九七六年以後出生者的父母大多同屬戰後世代，對外省人而言意味以第三代為主。

41　如：蔡淑鈴，〈高等教育的擴展對教育機會分配的影響〉；陳婉琪，〈族群、性別、與階層：再探教育成就的省籍差異〉；蘇國賢、喻維欣，〈台灣族群不平等

的再探討：解釋本省／外省族群差異的縮減〉；Jui-Chang Jao and Matthew McKeever, "Ethnic Inequalities and Educational Attainment in Taiwan."

42　http://www.harryganzeboom.nl/ismf/index.htm

43　如：蔡淑鈴，〈高等教育的擴展對教育機會分配的影響〉；陳婉琪，〈族群、性別、與階級：再探教育成就的省籍差異〉；蘇國賢、喻維欣，〈台灣族群不平等的再探討：解釋本省／外省族群差異的縮減〉；Jui-Chang Jao and Matthew McKeever, "Ethnic Inequalities and Educational Attainment in Taiwan."

44　胡台麗，〈芋仔與蕃薯：臺灣「榮民」的族群關係與認同〉，《中央研究院民族學研究所集刊》69（1990 年春），頁 111。

45　〈戡亂時期陸海空軍軍人婚姻條例〉，《總統府公報》328（1952 年 1 月 8 日），頁 1。

46　〈戡亂時期軍人婚姻條例〉，《總統府公報》1044（1959 年 8 月 14 日），頁 1-2。

47　駱明慶，〈教育成就的省籍與性別差異〉，頁 117。

48　許慧如，〈後國語運動的語言態度 —— 台灣年輕人對五種華語口音的態度調查〉，《臺灣語文研究》14:2（2019 年 10 月），頁 217-253。

49　陳婉琪、溫郁文，〈講啥米話咁唔要緊？語言資本對族群間職業取得差異的影響〉。

後話

二〇一五年十二月十五日，客家名人鍾肇政當著總統候選人蔡英文的面，說他不滿意標榜「浪漫台三線」的客家政策。他哽咽地說：「大家對台三線的讚揚不一定是正確的。因為，代代相傳的客家話已經快消失了，客家話一旦消失，客家人也就消失。……客家人消失那一天，我不知道台三線會變成什麼？」

鍾肇政所說的，不只是他的個人煩惱。根據客家委員會二〇一四年的調查，客家民眾的子女有 35% 認為自己不是客家人；進一步詢問這些客家子女為何不認為自己是客家人，首要原因就是「不會客語」。[1] 此外，客家委員會二〇一〇年的調查曾詢問：如何加強子女的客家認同？65.9% 的客家人表示：讓子女學習說客語。[2] 由此可見，將客家話與客家人視為一體，至今仍是相當普遍的想法。

既然客語流失已是不爭的事實，為了避免客家認同跟著一起陪葬，客家委員會努力操作語言之外的象徵物來代表客家，像是：油桐花、天穿日。然而，這些象徵物既不專屬於客家，也非由客家人共享。油桐樹分布於北部丘陵地帶，並不限於客家區域，而且不存

在於南部客家人的生活環境中。同樣的，南部客家人過去從未聽聞天穿日是什麼，直到二○一○年客家委員會將天穿日（舊曆正月二十）定為「全國客家日」。反倒是宜蘭、桃園的漳州福佬人後裔，也有過天穿的習俗。更荒謬的是，苗栗縣政府蓋了一棟「圓樓」（土樓）來象徵客家文化。然而，土樓分布於福建南部，與祖籍多為廣東的臺灣客家人毫無瓜葛。另一方面，福建南部的土樓也非專屬於客家，許多土樓居民講的是閩南語。

　　事實上，客家人除了語言以外，還真的很難找到獨特且共同的特性。客家委員會二○一六年的調查曾詢問客家民眾：什麼事物能夠代表客家文化？毫不意外，共識最高的仍是客家話，在 1 至 5 分的尺度中拿到平均 4.91 分。至於號稱「全國客家日」的天穿日，竟然只得到 3.17 分。[3] 由於這個節日缺乏代表性，客家委員會不得不更改日期。二○二二年起，「全國客家日」改為十二月二十八日，以紀念一九八八年十二月二十八日的「還我母語運動」。繞了一大圈之後，終究還是客語才能將各地客家人團結起來。由此不難理解，當蔡英文以「台三線」來打包客家文化時，為什麼鍾肇政會感到失望。面對鍾老的不滿，蔡英文很快做出回應，公開承諾將客語定為國家語言。她的承諾於兩年之後兌現。二○一八年一月三十一日修正公布的《客家基本法》明文規定：「客語為國家語言之一」。

　　相較之下，臺語（臺灣閩南語）成為國家語言不僅晚了客語一年，而且連名稱都提不得。此種語言無論稱為臺語還是閩南語，都會引發另一派強烈反對。結果，二○一九年一月九日公布的《國家

語言發展法》只能以不提名稱的方式，將這種語言打包為國家語言之一：「本法所稱國家語言，指臺灣各固有族群使用之自然語言及臺灣手語。」當時推動《國家語言發展法》的文化部長鄭麗君表示，若寫出名稱就會導致立法陷入僵局，只好以籠統的方式先求法律通過，以後再來討論名稱。

「名稱不能提」的母語使用者，習慣自稱講臺語或講臺灣話，一百多年來都是如此。他們無法理解，為何以前沒人有意見，現在意見一大堆？其中最常見的一種套路是：「憑什麼你們說的才是臺語，客家人、原住民講的就不算臺灣話嗎？」另一方面，戰後官方稱那種語言為閩南語。但這個稱呼並未進入那種語言當中，以致於用那種語言說出「閩南語」顯得做作不自然，許多人甚至不知道如何發音。對於許多臺語認同強烈的人而言，強加閩南語之名有如被迫改名，感覺很不受尊重。

過去，那種語言稱為臺語、臺灣話，因為那是臺灣社會的通用語（lingua franca），而不是局限於特定族群的語言。如一九一五年人口普查所示，客家人大約三成會講、熟蕃（平埔原住民）幾乎都會講，甚至成年日本男性為了工作需要，每五人就有一人會講（詳見本書第一章）。由此可見，那是可以讓不同群體互相溝通的語言。然而，近年來華語取代其通用語地位；不同族群之間通過華語溝通，不需要再用那種語言。於是，那種語言被限縮為特定族群的語言。既然只專屬於某族群，稱呼臺語豈不凌駕其他族群？在當代「族群平等」概念下，語言名稱遂演變為族群問題。

為了兼顧「族群平等」與「尊重自稱」，行政院於二〇二二年

核定「國家語言整體發展方案」時，建議政府機關書面上優先使用「臺灣台語」、「臺灣客語」等名稱。這顯然是要讓各種語言共享「臺灣」名號，同時保住「臺語」自稱的妥協方案。不過，許多「臺語基本教義派」人士並不領情，批評這種稱呼非常滑稽。

還有一群人，雖然母語是臺語，但努力重建原住民認同。這群人過去被國家定義為熟蕃或平埔族。他們想辦法將早已死亡的族語復活，甚至為了爭取法定原住民身分而纏訟多年。二〇一〇年，西拉雅人萬淑娟向高雄行政法院提起「確認原告具有平地原住民市議員候選人資格」之確認訴訟，但很快就被判敗訴。[4] 同年十一月，由萬淑娟領銜的 125 位西拉雅人集體向臺北高等行政法院提起「確認原告具有平地原住民身分」之確認訴訟。二〇一一年七月二十一日，臺北高等行政法院判原告敗訴，理由是原告或其直系尊親屬並未在一九五六、一九五七、一九五九、一九六三年的四次登記期間登記身分（詳見本書第五章），不符原住民身分法第二條第二款「登記有案」要件。[5] 原告上訴後，又於二〇一二年八月九日遭最高行政法院駁回，理由是原告應向原住民族委員會（原民會）申請認定，而不是請求法院認定。[6]

萬淑娟等人依判決向原民會申請認定為平地原住民，豪不意外遭到駁回。於是，他們續向臺北高等行政法院提起「原民會應作成認定原告為平地原住民身分之處分」的課予義務訴訟。二〇一六年五月十九日，臺北高等行政法院再度判原告敗訴，理由是司法機關與行政機關需尊重立法者基於資源有限性之立法裁量。[7] 原告屢敗屢戰，繼續上訴，終於迎來逆轉的契機。二〇一八年四月二十六

日，最高行政法院支持原告主張，將案件發回更審。[8] 臺北高等行政法院的承審法官無法接受最高行政法院的法律見解，於是聲請釋憲。

二〇二二年十月二十八日，大法官以「憲判字第 17 號」宣判《原住民身分法》第二條違憲。輿論多以為這是西拉雅族或平埔原住民的勝利，唯判決內容其實與萬淑娟等人的訴求頗有差距。萬淑娟等人想爭取的是「平地原住民限四次登記有案」違憲，如此他們便可直接登記為平地原住民。但是大法官並未直接審理第二條第二款的登記要件，而是回到更基本的層次，判定第二條「未涵蓋所有原住民族」違憲。大法官的理由是：憲法所保障的原住民族並不限於山地原住民、平地原住民；具有「民族文化特徵」、「族群認同」及「客觀歷史紀錄」三項判準的其他臺灣南島語族，也屬於原住民族；相關機關應於宣判後三年內完成修法或另訂新法。[9] 換言之，萬淑娟等人還是不能直接登記為平地原住民，而是很可能在修法之後取得第三種原住民身分。

就在「憲判字第 17 號」宣判之後，二〇二三年五月十一日萬淑娟等人又吃了一場敗訴。臺北高等行政法院認為：在完成修法之前，按現行法規還是得判原告在課予義務訴訟中敗訴。[10] 同一天，西拉雅人正式向原民會申請族別認定。因為「憲判字第 17 號」宣示「先有族、才有身分」的觀念。亦即，政府先認定原住民族，然後該族成員依據原住民身分法取得身分。因此，西拉雅人在結束了長達十三年關於個人身分的訴訟之後，隨即啟動族別認定程序，以待二〇二五年修法之後正式成為法定原住民。

注釋

1　客家委員會委託、典通股份有限公司執行，《103 年度臺閩地區客家人口推估及客家認同委託研究成果》（2014），頁 13-14。
2　行政院客家委員會委，《99 年至 100 年全國客家人口基礎資 調查研究》（2011），頁 135-136。
3　客家委員會委託、典通股份有限公司執行，《105 年度全國客家人口暨語言基礎資料調查研究》（2017），頁 20。
4　高雄行政法院 99 年訴字第 129 號、130 號判決（2010 年 6 月 24 日）。
5　臺北高等行政法院 99 年度訴字第 2306 號判決（2011 年 7 月 21 日）。
6　最高行政法院 101 年度判字第 732 號（2012 年 8 月 9 日）。
7　臺北高等行政法院 104 年度原訴字第 1 號判決（2016 年 5 月 19 日）。
8　最高行政法院 107 年度判字第 240 號判決（2018 年 4 月 26 日）。
9　憲法法庭 111 年憲判字第 17 號判決（2022 年 10 月 28 日）。
10　臺北高等行政法院 107 年度原訴更一字第 1 號判決（2023 年 5 月 11 日）。

│附錄

本書各章論文原出處

章　節	前　身	修訂情形
第一章		新內容。
第二章	〈當纏足遇上天然足：族群融合與社會壓力〉，《民俗曲藝》197 (2017)，頁107-133。	除了開頭與結尾，幾乎重寫。
第三章	〈福佬─客家邊界的跨語族通婚（1905-1945）〉，《人文及社會科學集刊》34:4 (2022)，頁745-780。	重新組織布局，並刪減與導言、第一章共通之內容。
第四章	〈平埔原住民與漢人通婚的歷史人口分析（1905-1945）〉，《新史學》33:4 (2022)，頁173-215。	刪減與第一章共通之內容。
第五章	〈排除？還是放棄？平埔族與山胞身分認定〉，《臺灣史研究》20:3 (2013)，頁177-206。	增補後來找到的資料。
第六章	〈從解密檔案重估二戰後移入臺灣的外省籍人數〉，《臺灣史研究》28:3 (2021)，頁211-229。	增補外省籍的來源與分布。
第七章	〈幼時家庭語言對教育成就的影響〉，《人文及社會科學集刊》36:2 (2024)，頁377-410。	省略技術細節。

All Voices from the Island

島嶼湧現的聲音